Elaine Javorski

Radiojornalismo:
do analógico ao digital

Editora intersaberes

O selo DIALÓGICA da Editora InterSaberes faz referência às publicações que privilegiam uma linguagem na qual o autor dialoga com o leitor por meio de recursos textuais e visuais, o que torna o conteúdo muito mais dinâmico. São livros que criam um ambiente de interação com o leitor – seu universo cultural, social e de elaboração de conhecimentos –, possibilitando um real processo de interlocução para que a comunicação se efetive.

EDITORA intersaberes

Rua Clara Vendramin, 58 . Mossunguê
CEP 81200-170 . Curitiba . PR . Brasil
Fone: (41) 2106-4170
www.intersaberes.com
editora@editoraintersaberes.com.br

Conselho editorial
Dr. Ivo José Both (presidente)
Dr.ª Elena Godoy
Dr. Nelson Luís Dias
Dr. Neri dos Santos
Dr. Ulf Gregor Baranow

Editor-chefe
Lindsay Azambuja

Editor-assistente
Ariadne Nunes Wenger

Preparação de originais
Carlos Eduardo da Silva

Capa e projeto gráfico
Charles L. da Silva

Diagramação
Sincronia Design

Iconografia
Célia Kikue Suzuki

Dados Internacionais de Catalogação na Publicação (CIP)
(Câmara Brasileira do Livro, SP, Brasil)

Javorski, Elaine
Radiojornalismo: do analógico ao digital/Elaine Javorski.
Curitiba: InterSaberes, 2017. (Série Excelência em Jornalismo)

Bibliografia.
ISBN 978-85-5972-536-0

1. Radiojornalismo I. Título. II. Série.

17-08924   CDD-070.194

Índices para catálogo sistemático:
1. Radiojornalismo   070.194

1ª edição, 2017.

Foi feito o depósito legal.

Informamos que é de inteira responsabilidade da autora a emissão de conceitos.

Nenhuma parte desta publicação poderá ser reproduzida por qualquer meio ou forma sem a prévia autorização da Editora InterSaberes.

A violação dos direitos autorais é crime estabelecido na Lei n. 9.610/1998 e punido pelo art. 184 do Código Penal.

Sumário

7   *Prefácio*
12   *Apresentação*
17   *Como aproveitar ao máximo este livro*

Capítulo 01
21 Contextualização histórica
22   As primeiras experiências do rádio e da radiodifusão no Brasil e no mundo
31   A era de ouro do rádio
38   As relações entre rádio e contextos sociopolíticos
43   O rádio em situações de guerra e em regimes autoritários

Capítulo 02
51 Direitos e deveres
52   Políticas de comunicação e legislação
58   Responsabilidade social e ética
66   Regionalismo, prestação de serviços e responsabilidade
70   Cenário profissional atual

Capítulo 03
79   A informação no rádio
80   Características da notícia no rádio
83   Elementos da linguagem
92   O departamento e a equipe de jornalismo
97   Origem da informação no rádio
104   A pauta
110   Formatos do radiojornal
116   Os programas radiojornalísticos
123   Roteiro
127   Técnicas de locução

Capítulo 04
137   Estilos de produtos radiofônicos
138   Radiojornalismo ao vivo
144   Radiojornalismo cultural
149   Radiojornalismo esportivo
156   Audiorreportagem
159   Audiodocumentário

Capítulo 05
168   Modelos de rádio
169   Rádios AM e FM
174   Rádios *all news*

178	Rádio comunitária
187	Rádio institucional
202	Rádio educativa
209	*Web* rádio

Capítulo 06
220	**Novas ambiências sonoras**
221	As tecnologias digitais do rádio
226	O rádio na internet
233	Convergência e multimidialidade no rádio
238	*Podcasts*
248	Uso de dispositivos móveis e aplicativos
264	*Estudo de caso*
266	*Para concluir...*
268	*Referências*
285	*Respostas*
288	*Sobre a autora*

Aos companheiros de estrada: a meus pais, fonte de força, ânimo e perseverança; ao Santiago, que ilumina e colore nosso caminho.

Prefácio

O ensino de radiojornalismo, sua prática e os desafios da inovação

O radiojornalismo passa hoje por um período de adaptação, de mutação, fixado no contexto da nova ecologia de mídia. Meio tradicionalmente monomídia, agora se apropria de elementos parassonoros para compor sua narrativa, caminhando cada vez mais para se consolidar como multimídia de narrativa complexificada. Essa complexificação passa também pela ocupação de múltiplos espaços – pelo próprio meio e por sua audiência – e pela demanda de atualização do meio.

Mas por que discutir esse cenário que já foi apresentado tão apropriadamente por autores como Ferraretto (2015), Kischinhevsky (2016), Cunha (2016) e Lopez (2010b, 2016), entre outros, quando se apresenta um livro que tem como público estudantes de graduação e profissionais do rádio? Porque a inovação é necessária – não só no multimídia, mas também na composição sonora do meio. Entretanto, para que se chegue à inovação, o conhecimento sobre o contexto do rádio, suas origens, sua trajetória e seus marcos históricos é fundamental. Não se pode inovar o que não se conhece. Do contrário, recai-se, como dizem, na reinvenção da roda. O rádio tem uma história consolidada, estudada, discutida. Profissionais de mercado ou acadêmicos que se aventurem por suas ondas precisam conhecê-la para que possam efetivamente inovar.

Em *Radiojornalismo*, Elaine Javorski nos apresenta um cenário, um panorama desse meio. Partindo da história, passando pelas características do meio e discutindo sua nova configuração, a obra nos leva a um passeio por paragens diversas, que indicam caminhos possíveis para futuros aprofundamentos nesse campo de pesquisa. Nesse passeio, ela nos conduz por nuances e olhares diversos, indica perspectivas e olhares sobre o rádio – os quais precisam ser conhecidos por sua "audiência" – que despertam indagações.

Entre as questões que o livro que você, leitor, tem agora nas mãos despertou em mim estão os desafios do ensino de rádio e de radiojornalismo. Quando falamos sobre o rádio, sua configuração presente e seu futuro, costumamos apontar desafios, questionar decisões, relativizar cenários de produção. Nesse contexto de incertezas e de olhares tecnocêntricos, como ensinar um jornalismo radiofônico que não se conhece ao certo e que não se sabe para onde caminha? Como discutir as práticas em mutação? Como ensinar a função dos jornalistas e do próprio jornalismo de rádio em tempos de incerteza e mudanças? Não advogo aqui por uma "causa perdida" do rádio. Pelo contrário.

É exatamente nessa mudança, nesse desafio, nessa incerteza que vejo a chave. Ensinar radiojornalismo em tal cenário deve ser uma atividade crítica, sem pôr de lado a discussão sobre o jornalismo e sua responsabilidade para com a sociedade, sem trocar o olhar para o sujeito pelo olhar estrito para a tecnologia – na verdade, sem lançar olhares estritos sobre nada, já que o jornalismo radiofônico lida com sujeitos e relações que são, por essência, fenômenos complexos – e desafiando-se. Professores, alunos, profissionais, pesquisadores do rádio carecem hoje de diálogo constante. Não devem temer os desafios que se instauram. Precisam aproveitar o momento para desafiar a si próprios e ao meio. Conhecê-lo e questioná-lo. Estudá-lo e contextualizá-lo. Desafiá-lo a melhorar; a conhecer os espaços que habita, os sujeitos para quem fala e as ferramentas que tem à sua disposição; e a incorporar o que não se conhece, o que não se faz, o que não se vê como parte do rádio, mas que pode ser incorporado sem que o meio perca sua essência.

Compreender o rádio hoje é tão desafiante quanto compreender seu público, sua linguagem ou prever seu futuro. Não pode ser feito sem uma base, sem conhecimento prévio, sem um ensino crítico, não replicador de fórmulas, que estimule a criação, o tensionamento de limites e a experimentação.

O olhar multifacetado trazido por esta obra – considerando a história, a linguagem e a técnica como partes de uma trajetória construída para chegar à configuração do rádio como o vemos hoje – desperta-nos para esses desafios e para repensar as práticas profissionais e o ensino de radiojornalismo. Como indicam Kischinhevsky (2014) e Zuculoto (2014), há muitos desafios no ensino de rádio, já que trabalhamos agora com um meio que não é unicamente sonoro, que não define seu público por suas delimitações geográficas e que precisa hoje coordenar as especificidades dos consumos em antena e em plataformas digitais. Não se trata de uma tecnicalidade, mas, uma vez mais na história desse meio, da modificação de ferramentas e possibilidades tecnológicas que se refletem no conteúdo.

Como dissemos em outro momento (Lopez, 2016), a audiência de rádio tem se alterado, potencializando algumas das características marcantes de sua relação com o meio. Mas é fundamental lembrar também o papel que o rádio ainda cumpre nos rincões do Brasil, onde atende a uma audiência que não tem acesso a outros meios e, muitas vezes, não é letrada. Como nos explica Raddatz (2011), esse rádio ainda cumpre a função mais rudimentar de permitir às pessoas que se comuniquem, para informarem seus passos à sua família (que estaria incomunicável de outra maneira), para unirem a comunidade. Trata-se daquele rádio que, nas cidades de médio e grande porte, não se imagina que ainda exista, mas que transmite recados, anuncia casamentos e atrasos em viagens e traz outros relatos do cotidiano.

Esse perfil multifacetado de conteúdo, de audiência e de programação revela-nos que não existe um só rádio – e, portanto, também não há um só radiojornalismo –; que suas práticas não são estanques, mas dinâmicas, e que devemos constantemente olhar para o mercado e para os sujeitos a fim de, assim, podermos entender e auxiliar a composição das dinâmicas fluidas do meio, sem negar sua evolução, suas mutações e seu potencial de adequação efetiva e não instrumental à nova ecologia de mídia (Cunha, 2016) e às novas audiências. Reitero: para isso, o olhar contextual, o amplo conhecimento do meio e a aproximação a sua trajetória constituem o caminho necessário.

Então, boa viagem e boa leitura!

Debora Cristina Lopez
Doutora em Comunicação e Cultura Contemporâneas pela Universidade Federal da Bahia, professora do Programa de Pós-Graduação em Comunicação e da graduação em Jornalismo da Universidade Federal de Ouro Preto (Ufop).

Apresentação

Um aparelho que faz chegar aos nossos ouvidos os sons do mundo. Esse é o rádio. Um senhor quase centenário que foi, e ainda é, para muitos cidadãos, um companheiro que ajuda a passar as horas com música, que educa, que informa sobre as últimas notícias e que desperta a imaginação. Dados do Ibope Media de 2014, referentes aos anos de 2012 e 2013, revelam que o brasileiro ouve rádio durante cerca de 3 horas e 50 minutos por dia (Ibope, 2014). No carro, em casa, no trabalho, caminhando pela rua. Em todo lugar ele pode estar presente. Nenhum outro veículo de comunicação é tão portátil, fácil e barato de se acessar. Sua variedade também é grande: são 3.209 emissoras de rádio FM, 1.781 de rádio AM e 4.631 estações comunitárias atuando em nosso país (Brasil, 2016). Não é preciso *wi-fi* nem 4G para ouvir o programa preferido e o locutor mais cativante. Basta o aparelho receptor. Ele tem mudado, se modernizado, mas sem perder sua essência nem o propósito que o move desde o início: funcionar como meio de comunicação útil, ágil e prático.

Ainda assim, a constante transformação pela qual o rádio passou e ainda passa exige que as discussões sobre esse meio se renovem permanentemente, não somente no que diz respeito a seus aspectos técnicos, mas também quanto a seus aspectos éticos. As modificações a que nos referimos são inerentes ao desenvolvimento das tecnologias usadas para a produção e transmissão de mensagens, às reconfigurações do mercado de trabalho e às novas dinâmicas empresariais adotadas nos negócios de mídia. Por isso, esta obra assume dois objetivos principais: apresentar os assuntos tratados de forma que possa ser utilizada não só como um guia de informações sobre a prática do jornalismo no rádio, mas também como fonte de análise sobre os aspectos sociais desse veículo; e incentivar a reflexão sobre o mercado de trabalho nas diferentes áreas de exploração dos recursos sonoros de informação. O livro destina-se, portanto, aos que pretendem atuar no jornalismo radiofônico e em suas recentes recomposições, bem como aos entusiastas do assunto, que admiram e acompanham as transfigurações pelas quais esse veículo de comunicação passou ao longo do tempo.

No primeiro capítulo, fazemos um passeio pela história do rádio, desde os experimentos iniciais com esse dispositivo até a efetiva primeira transmissão. Da adequação gradual do veículo às exigências do público até sua época de ouro, observamos o desenvolvimento de seus aspectos técnicos, éticos e sociais. No Brasil e no mundo, acompanhamos a evolução do meio e analisamos seu uso em diferentes contextos sociopolíticos. Abordamos, assim, o uso do rádio durante a Segunda Guerra Mundial e também sua apropriação política em diversos momentos da história.

O segundo capítulo trata das questões burocráticas que envolvem o veículo, desde as políticas de comunicação até a legislação específica em vigor no Brasil a respeito da matéria. A questão da responsabilidade social é discutida de forma a estabelecer uma reflexão sobre a necessidade de um trabalho ético e sério no rádio, já que este se constitui em um meio amplamente difundido, que alcança pessoas de condições sociais diversas, que constroem expectativas em relação aos assuntos enfocados. É um meio que encontra na prestação de serviços sua principal missão. A força de seu caráter regional amplifica esse sentido de utilidade pública, responsável pelo fortalecimento de sua credibilidade. Além desses temas, o capítulo expõe a situação do ambiente profissional nos dias de hoje, seus desafios e sua adaptação ao processo constante de desenvolvimento tecnológico.

O terceiro capítulo é dedicado às técnicas de produção da notícia no rádio. Ao longo dele, analisamos como o departamento de jornalismo é organizado, sua hierarquia e as funções que cada profissional desempenha para que a notícia possa chegar aos microfones. Além disso, o capítulo descreve as características da notícia radiofônica e discute a linguagem que deve ser utilizada para que se obtenha maior eficácia no que diz respeito à compreensão da informação por parte dos ouvintes. Nele demonstramos que, nas etapas de construção da notícia, é importante saber elaborar uma boa pauta, bem como conhecer os tipos de programas jornalísticos mais comuns no rádio e os formatos possíveis para a confecção do radiojornal. No fim do capítulo, dicas de locução abrangem orientações sobre as nuances da narração e as formas de se utilizar melhor a voz.

As particularidades do radiojornalismo cultural e esportivo são abordadas no quarto capítulo, que trata ainda do jornalismo ao vivo no rádio. Os conceitos de audiorreportagem e audiodocumentário são discutidos para além de sua inserção apenas no rádio transmitido por ondas hertzianas. De forma ampla, o capítulo apresenta os novos usos que os recursos sonoros de transmissão de informação encontram em outras plataformas.

Já no quinto capítulo, discorremos sobre os diferentes tipos de emissoras, começando pela distinção entre as frequências AM e FM. Estações dedicadas ao jornalismo, de abrangência comunitária, de caráter institucional e educativo são contextualizadas historicamente, analisadas e exemplificadas. A discussão sobre os vários tipos de *web* rádio, produzidos e emitidos exclusivamente pela internet, encerra esse capítulo, que também oferece orientações sobre os passos necessários para a criação de um canal.

O sexto e último capítulo é destinado à abordagem das tecnologias digitais do rádio. A utilização, pelas emissoras, de recursos possibilitados pela internet, como a transmissão em tempo real de áudio e também de vídeo, e a introdução de um sistema digital de transmissão no Brasil são alguns dos temas tratados. Os canais de interatividade surgidos com as tecnologias de informação, os processos de convergência e multimidialidade, a produção e distribuição de *podcasts* e o uso de aplicativos e dispositivos móveis são outros temas analisados nesse capítulo final.

Este livro vale-se de alguns recursos de aprendizagem ao longo de seus capítulos, de forma a proporcionar ao leitor um melhor proveito dos conteúdos explorados. A estrutura adotada propicia o desenvolvimento de uma leitura interativa e dialógica. A abordagem de alguns temas, além de contemplar aspectos históricos e teóricos, é acrescida de dicas eficientes para facilitar o planejamento de quem pretende colocar em prática os ensinamentos propostos. Por isso, em alguns casos é apresentado um quadro explicativo para a aplicação das técnicas descritas.

Ao longo do texto, há também respostas para as dúvidas mais frequentes sobre determinados assuntos. O objetivo é possibilitar que se amplie a familiaridade com os temas tratados, voltando-se a atenção para alguns pontos específicos. Todo o conteúdo trabalhado é objeto de atividades propostas no final de cada capítulo, em uma seção na qual constam questões para revisão, cujas respostas se encontram ao final do livro.

Propomos também um estudo de caso, que busca englobar alguns conteúdos expostos ao longo da obra e conectá-los com a prática profissional, com o intuito de incentivar você a aplicar o conhecimento adquirido por meio da leitura.

Com essa abordagem didática, esperamos que você aproveite melhor esta obra e possa utilizá-la em seu percurso acadêmico e profissional sempre que precisar.

Boa leitura!

Como aproveitar ao máximo este livro

Este livro traz alguns recursos que visam enriquecer seu aprendizado, facilitar a compreensão dos conteúdos e tornar a leitura mais dinâmica. São ferramentas projetadas de acordo com a natureza dos temas que vamos examinar. Veja a seguir como esses recursos se encontram distribuídos no decorrer desta obra.

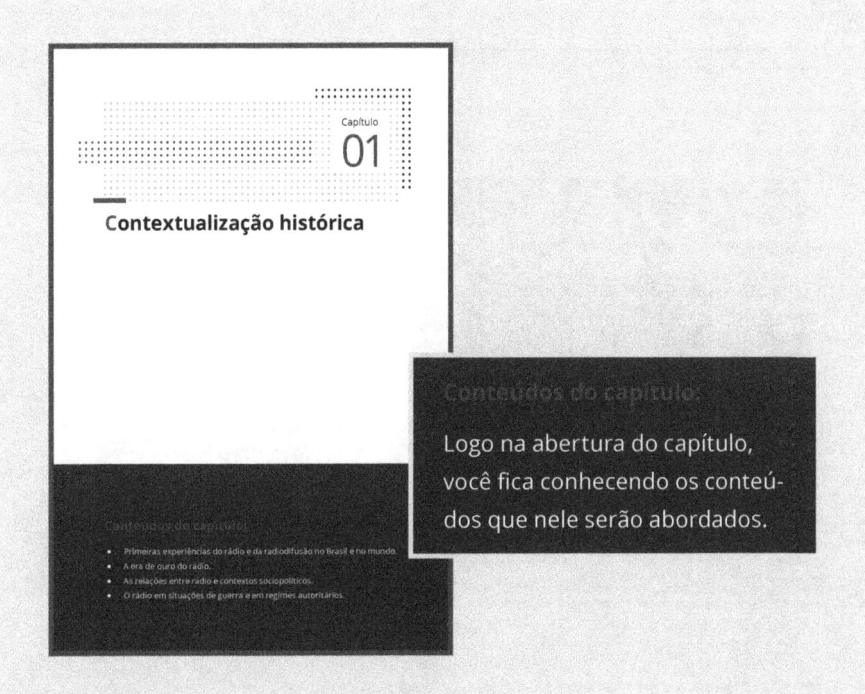

Capítulo
01

Contextualização histórica

Conteúdos do capítulo:
- Primeiras experiências do rádio e da radiodifusão no Brasil e no mundo.
- A era de ouro do rádio.
- As relações entre rádio e contextos sociopolíticos.
- O rádio em situações de guerra e em regimes autoritários.

Conteúdos do capítulo: Logo na abertura do capítulo, você fica conhecendo os conteúdos que nele serão abordados.

evidentemente. Isso requer facilidade de adaptação à constante evolução do meio. As mudanças na organização do fluxo informativo acompanham a história do rádio, já que as tecnologias desenvolvidas atuam de forma direta nessa dinâmica. A partir dos anos 1960 e 1970, quando se organizavam os departamentos de notícias, os jornalistas passaram a contar primeiro com gravadores de fita em rolo, depois com cassetes e *minidisks* (MDs), até chegarem a dispor de recursos digitais. Hoje, qualquer telefone celular possibilita a gravação de áudio em ótima qualidade. As emissões ao vivo de fora do estúdio também se tornaram possíveis primeiro com telefones fixos e unidades móveis e depois com os celulares. Isso permitiu dar mais agilidade à informação do rádio, emitindo-se a notícia do local onde ela acontece.

Perguntas & respostas

Qual é a diferença entre a gravação de áudio com fita e com um equipamento digital? Como isso altera a rotina do jornalista?

Alguns especialistas em música dizem que as gravações digitais são insuficientes na reprodução do som com precisão, porque não se consegue ouvir com perfeição todas as nuances dos instrumentos. Mas, na gravação da voz para o radiojornalismo, a gravação digital confere mais clareza e agilidade ao trabalho de edição. Antes era preciso um processo manual de voltar a fita, encontrar

---

Perguntas & respostas

Nesta seção, a autora responde a dúvidas frequentes relacionadas aos conteúdos do capítulo.

---

linguagem de registro popular. É possível utilizar palavras mais sofisticadas de vez em quando, desde que, no contexto geral, elas possam ser entendidas. O jornalismo tem também um caráter pedagógico e, nesse sentido, pode ser fonte de conhecimento da própria língua.

O rádio aguça o sentido auditivo e deve, portanto, ter um texto para ser lido como quem conversa com o ouvinte. Frases curtas e ideias bem concisas em casa frase ajudam nessa tarefa.

Como fazer

Abaixo, listamos algumas regras que ajudam a dar mais clareza aos textos destinados ao rádio.

Evite:
- Gerúndios.
- Adjetivos.
- Frases que possam ter duplo sentido.
- Apostos ou frases intercaladas: prefira a ordem direta.
- Iniciar o texto com *ontem*, pois isso envelhece a matéria.
- Iniciar o texto com uma palavra ou locução negativa, pois isso pode desinteressar o ouvinte.
- Gírias que tornem o texto vulgar.
- Clichês, vícios de linguagem.

Como fazer

Nesta seção, a autora oferece algumas recomendações importantes para a prática do radiojornalismo no dia a dia.

Contextualização histórica

as transmissões em ondas curtas, embora continuassem sendo bastante utilizadas como meio de propaganda, passaram a conviver com um método de guerra chamado *jamming*, uma forma de interferência que impedia o sinal de chegar aos seus receptores. Essa tática, a propósito, já tinha sido usada em algumas oportunidades pelos nazistas, mas passou a ser extensamente utilizada para bloquear transmissões radiofônicas entre os dois blocos antagônicos que se formaram no pós-guerra.

Síntese

Neste capítulo, apresentamos o percurso histórico do rádio, abordando principalmente seus aspectos políticos e sociais. Considerando desde as primeiras experiências com a radiotransmissão até a época de ouro do rádio, destacamos alguns aspectos relacionados ao entretenimento, mas principalmente à informação. Você certamente percebeu que a história do rádio caminha lado a lado com a história das tecnologias, pois, cada vez que surgia ou se popularizava uma ferramenta nova, como o transístor ou o telefone, a rotina de produção do meio era alterada. Também mostramos de que maneira o rádio foi utilizado durante guerras e ditaduras, no Brasil e no mundo. Essa forma de utilização revela o quanto o veículo é influente e como pode ser persuasivo.

> **Síntese**
>
> Você dispõe, ao final do capítulo, de uma síntese que traz os principais conceitos nele abordados.

Questões para revisão

1. Sobre a história do rádio no Brasil, marque a alternativa **incorreta**:
   a) A primeira transmissão radiofônica no Brasil foi realizada no Rio de Janeiro, em setembro de 1922, como parte das comemorações do Centenário da Independência, pela Rádio Sociedade do Rio de Janeiro.
   b) O rádio já nasceu como um meio bastante popular, pois, quando de sua inauguração, muitas pessoas já possuíam o aparelho receptor.
   c) As primeiras emissoras eram chamadas de *clubes* ou *sociedades*, porque nasciam como associações formadas por entusiastas do rádio.
   d) A década de 1940 foi marcada pela época de ouro do rádio.

2. Durante a Segunda Guerra Mundial, o rádio informava o mundo sobre as notícias do *front*. Sobre esse tema, assinale a alternativa **incorreta**:
   a) As ondas tropicais eram as mais utilizadas para enviar informações.
   b) O rádio foi utilizado para fazer guerra de contrainformação.

> **Questões para revisão**
>
> Com estas atividades, você tem a possibilidade de rever os principais conceitos analisados. Ao final do livro, a autora disponibiliza as respostas às questões, a fim de que você possa verificar como está sua aprendizagem.

Estudo de caso

Esta seção traz ao seu conhecimento situações que vão aproximar os conteúdos estudados de sua prática profissional.

O rádio na internet: análise dos *sites* das emissoras AM *all news*

Observando o comportamento na internet das rádios AM de segmento *all news* no Brasil, percebemos que, mais do que se dedicar ao elemento sonoro, também é fundamental trabalhar com conteúdos em diferentes suportes. A análise dos *sites* das rádios Bandeirantes AM, Jovem Pan AM, Guaíba AM, Eldorado AM e Gaúcha AM mostra ainda sua inserção em grandes conglomerados de mídia que diversificam sua oferta informativa em diferentes canais, entre eles o rádio. Ou seja, para conseguir manter-se no ar, é necessário o respaldo de uma empresa consolidada também em outros setores da comunicação, de forma a proporcionar um trabalho convergente. Isso reduz os gastos com pessoal, uma vez que os jornalistas multimídia podem ser aproveitados em diversos veículos e ampliam seus canais de atuação.

Dois dos mais importantes portais de notícias hospedam emissoras: o R7, com a Rádio Guaíba, e o UOL, com a Jovem Pan. A Bandeirantes, claramente voltada ao setor esportivo, também é hospedada no UOL, assim como outros veículos da Rede

Capítulo
01

Contextualização histórica

Conteúdos do capítulo:

- Primeiras experiências do rádio e da radiodifusão no Brasil e no mundo.
- A era de ouro do rádio.
- As relações entre rádio e contextos sociopolíticos.
- O rádio em situações de guerra e em regimes autoritários.

Neste capítulo, examinaremos os aspectos mais relevantes da história e da evolução do rádio. A trajetória desse meio de comunicação acompanhou pessoas e eventos muito importantes. Por meio desse veículo, a informação e a música viajavam centenas ou milhares de quilômetros até chegarem a seus destinatários, que, em todo o mundo, ficavam a postos ao lado do aparelho para ouvi-las. Notícias de guerra dividiam o noticiário com informações sobre problemáticas locais.

O objetivo é analisar a história passada para possibilitar a compreensão do presente, dos motivos que levaram o rádio de hoje a ser como é.

Destacaremos também as intensas relações que se estabeleceram entre o rádio e alguns contextos sociopolíticos. Durante governos ditatoriais e conflitos, por exemplo, o veículo se expandiu por conta da importância que adquiriu para esses regimes e seus líderes.

No Brasil e no mundo, a história do rádio é também a história das sociedades nas quais ele se desenvolveu.

1.1
As primeiras experiências do rádio e da radiodifusão no Brasil e no mundo

Como acontece com muitas outras invenções, há uma série de controvérsias na história da criação da comunicação por radiofrequência. Como observa Meditsch (2007), a existência de ondas eletromagnéticas que se propagam no espaço foi teoricamente demonstrada pelo físico inglês James Maxwell, em 1870, e posteriormente comprovada de forma prática pelo alemão Henrich Hertz, em 1888. O uso dessas ondas na comunicação a distância teria sido efetivado pelo italiano Guglielmo Marconi, que fez a primeira demonstração em 1894, quando tocou uma campainha a uma pequena distância. O invento foi patenteado na Inglaterra, quando já se faziam transmissões de código Morse a distâncias maiores. A transmissão sem fio da primeira mensagem através do Oceano Atlântico foi feita em 1901. Cinco anos depois, na noite de Natal de 1906, ocorreu a primeira transmissão de voz, feita pelo canadense Reggie Fessenden, que surpreendeu os operadores de telégrafo sem fio dos navios que passavam pela costa de Massachussets.

A história oficial atribui a esses personagens a paternidade do invento, embora experimentos semelhantes tenham ocorrido também em outros locais, inclusive no Brasil, onde um padre gaúcho, Roberto Landell de Moura, teria efetuado em 1893 a transmissão de mensagens a oito quilômetros de distância, por meio de um telégrafo e de um telefone sem fios. Sem nenhum tipo de apoio, o religioso teve seus equipamentos destruídos e só conseguiu registrar patentes no Brasil em 1900 e nos Estados Unidos em 1904 (Cauduro, 1977).

O rádio, como tecnologia, surgiu dessas invenções e descobertas. Porém, como meio de comunicação de massa, só seria reconhecido tempos depois. Foi como atividade de lazer que as primeiras experiências nesse sentido aconteceram, no final da Primeira Guerra Mundial, ainda sem nenhum interesse comercial. A primeira empresa a interessar-se pela tecnologia de transmissão por radiofrequência foi a norte-americana Westinghouse, como forma de motivar a venda de seus receptores. O funcionário que estimulou o investimento era um radioamador que emitia da garagem de sua casa um programa musical. Posteriormente, transferiu o estúdio para a empresa, e lá foi inaugurada a primeira emissora profissional, a KDKA de Pittsburgh, em 1920. No dia 2 de novembro daquele ano, essa emissora transmitiu, durante oito horas seguidas, os resultados das eleições presidenciais dos Estados Unidos.

Rapidamente, o rádio se expandiu, e nos três anos seguintes foram licenciadas mais de quinhentas emissoras nos Estados Unidos (Meditsch, 2007). As empresas jornalísticas logo começaram a se interessar pelo novo veículo e, em 1924, cem delas já haviam montado suas próprias emissoras. Os jornais impressos tiveram a venda estimulada pelo novo meio, mas isso não durou muito tempo e, com a crise de 1929, foram impostos limites aos boletins informativos radiofônicos norte-americanos, assim como ocorreu na Europa. Alguns desses boletins só poderiam veicular notícias depois que elas fossem publicadas nos periódicos impressos. Entretanto, com a Segunda Guerra Mundial, o rádio adquiriu a importância da utilidade pública, e os laços que o atrelavam ao jornalismo impresso foram afrouxados.

No Brasil, os pesquisadores não são unânimes ao reconhecer a primeira emissora instituída. Para Walter Sampaio (1971), a primeira emissora brasileira foi a Rádio Clube de Pernambuco, atual Rádio Clube AM13, implantada em 1919. Já Mário Ferraz Sampaio (1984) afirma que a primeira rádio só foi fundada em 1923: a Rádio Sociedade do Rio de Janeiro, hoje Rádio MEC. De qualquer forma, reconhece-se que o marco inicial do rádio no Brasil foi a primeira transmissão oficial por ondas hertzianas, que aconteceu em 7 de setembro de 1922, como parte das comemorações do Centenário da Independência, pela **Rádio Sociedade do Rio de Janeiro**, fundada por Edgard Roquette-Pinto e Henry Morize. Por meio de 80 receptores importados especialmente para a ocasião, alguns componentes da sociedade carioca puderam ouvir em casa o discurso do Presidente Epitácio Pessoa. A Westinghouse, empresa que comercializava receptores e transmissores, havia instalado uma emissora cujo transmissor, de 500 watts, estava localizado no alto do morro do Corcovado. Alguns dias depois foram transmitidas óperas diretamente do Teatro Municipal do Rio de Janeiro. O novo meio de comunicação causou impacto, mas as transmissões foram logo encerradas por falta de um projeto que lhes desse continuidade.

Conforme Ortriwano (1985), o rádio nascia como meio de elite, não de massa, e era dirigido aos que tinham condições de comprar no exterior os caros aparelhos receptores. Os equipamentos de transmissão também custavam muito dinheiro, e não era qualquer pessoa que poderia fundar uma emissora. Mesmo com a intenção de "Levar a cada canto um pouco de educação, de ensino e de alegria" (Ortriwano, 1985, p. 14), como dizia o *slogan* da Rádio Sociedade, isso ainda era difícil nos primeiros anos de transmissões radiofônicas. Mas essas dificuldades não desanimavam Roquette-Pinto, que acreditava na transformação do rádio em um meio de comunicação de massa.

Ainda nos anos 1920, o rádio começou a se espalhar pelo país. As primeiras emissoras eram sempre chamadas de *clubes* ou *sociedades*, pois nasciam como associações formadas por pessoas entusiasmadas com o novo meio. Nessa fase, era preciso pagar uma mensalidade para custear os gastos das emissoras. Assim, quem tinha um aparelho receptor ajudava monetariamente a manter as estações de rádio no ar, pois a lei proibia doações de empresas privadas ou públicas e não permitia inserções de anúncios pagos. A terceira emissora do Brasil nasceu dessa forma: a Rádio Clube Paranaense, a B2, foi criada em junho de 1924 por um grupo de amigos apreciadores dessa nova forma de comunicação. Já a primeira estação do interior do país foi a Rádio Pelotas, inaugurada em 1925, no Rio Grande do Sul, estado que se transformou em um importante polo de radiodifusão, segundo Jung (2004).

As primeiras transmissões de radiojornais começaram em 1925, na Rádio Sociedade do Rio de Janeiro. Foi nessa época também que o rádio passou a despertar interesse comercial, graças à iniciativa de veicular publicidade. A primeira emissora a utilizar esse formato de custeio foi a Rádio Clube do Brasil, fundada em 1924, posteriormente denominada Rádio Mundial, que hoje é uma das integrantes da Central Brasileira de Notícias, a CBN. Além de conteúdo informativo, essa rádio apresentava cantores de música popular. Seus locutores eram também produtores e vendiam os intervalos comerciais. Mas a publicidade radiofônica só foi regulamentada na década seguinte, quando se iniciou uma mudança radical no formato da programação. Em 1931, foi publicado o primeiro documento sobre radiodifusão e, no ano seguinte, instituíram-se as normas que regeriam a publicidade no rádio. Com isso, as emissoras trataram de se organizar como empresas para disputar o mercado.

A preocupação educativa foi progressivamente deixada de lado por essas empresas e, em seu lugar, começaram a se impor os interesses mercantis: 10% da programação poderia ser preenchida com publicidade (hoje esse número é de 25%). A programação também sofreu alterações, já que a publicidade não poderia ser inserida, por exemplo, ao longo de concertos transmitidos na íntegra. Por isso, a programação musical passou, aos poucos, a ser diluída por toda a grade. Além disso, surgiram outros tipos de programa, como os humorísticos. Nesse momento, entraram em funcionamento emissoras em vários estados: Ceará, Bahia, Paraná, Pará, Minas Gerais, Pernambuco, Rio de Janeiro, Santa Catarina, São Paulo e Rio Grande do Sul.

As transformações ocorridas no Brasil a partir da Revolução de 1930 trouxeram notável desenvolvimento para o novo meio. A economia predominantemente agrícola cedia espaço para a indústria e o comércio, que precisavam colocar seus produtos no mercado interno. Aliada a isso, a forte centralização do poder de Getúlio Vargas fez com que o emprego da radiodifusão se expandisse, demonstrando que o rádio seria um meio extremamente eficaz para incentivar não apenas o consumo de produtos, mas também as ideologias partidárias. O Decreto n. 21.111, de 1º de março de 1932 (Brasil, 1932), tornava obrigatória a inserção de programas noticiosos com pelo menos uma hora de duração nas emissoras. Como consequência, em 1938, foi criado o programa oficial *Hora do Brasil*, que, a partir de 1946, passaria a chamar-se *Voz do Brasil*, hoje transmitido em cadeia nacional de rádio às 19 horas.

Perguntas & respostas

Todas as rádios precisam transmitir a *Voz do Brasil* atualmente?

Sim. No entanto, tramita no Congresso Nacional uma medida provisória que flexibiliza o horário de transmissão da *Voz do Brasil* e permite que ela seja veiculada entre as 19 e as 21 horas do mesmo dia. Isso já ocorreu durante a realização dos Jogos Olímpicos e Paraolímpicos, em 2016. A medida proposta resulta de uma reivindicação da Associação Brasileira de Emissoras de Rádio e TV (Abert), que alega haver frequentemente coincidência de horários entre o programa e eventos importantes, como notícias de última hora e até mesmo partidas de futebol da seleção brasileira.

A maneira de fazer rádio era ainda muito intuitiva no início dos anos 1930; porém, com o acelerado desenvolvimento desse meio, os programistas, que antes organizavam a grade e realizavam a produção dos programas, passaram a ceder espaço a outros profissionais que angariassem público e também anunciantes. Com isso, foram contratados artistas e produtores que garantiam a estabilidade da programação. Horários definidos e linguagem coloquial davam início a uma nova proposta a ser seguida por esse meio, como no caso da Rádio Record, criada em 1928, que passou a contratar astros e estrelas disputados pelas emissoras.

Um dos pioneiros na produção de programas musicais nesse período foi Adhemar Casé, que, com o *Programa do Casé*, transmitido pela Rádio Philips do Brasil, apostou nas canções populares. Foi o primeiro radialista a utilizar *jingles* para ressaltar os anúncios publicitários e, inspirado na BBC de Londres, tocava músicas sem interrupção. A partir de 1935, os programas de auditório tomaram conta das grades e passaram a fazer muito sucesso, uma vez que, além da transmissão radiofônica, havia a participação do público ao vivo no espaço das emissoras. A Rádio Kosmos, de São Paulo, foi a pioneira nesse formato. Paralelamente, foi inaugurada no Rio de Janeiro a Rádio Jornal do Brasil, que estabelecia uma programação voltada para a informação.

O rádio consolidou-se efetivamente como **veículo de massa** quando as emissoras começaram a investir maciçamente em sua estrutura física e tecnológica. Tal foi o caso da Rádio Nacional do Rio de Janeiro, inaugurada em setembro de 1936. A estação fazia parte do Grupo A Noite, proprietário de uma rede de jornais cariocas. Iniciava-se com ela a mais séria transformação ocorrida na radiodifusão brasileira até o surgimento da televisão. Uma equipe gigantesca cuidava de cada detalhe da programação, numa época – às portas do Estado Novo – em que o rádio era um fenômeno de massas e suas mensagens alcançavam a mais ampla divulgação. O espaço físico da Rádio Nacional incluía seis estúdios e um auditório para 500 pessoas, além de um *casting* contratado de 300 artistas, 33 locutores, 13 repórteres, 24 redatores, 18 produtores e 240 funcionários administrativos. Seu alcance ultrapassava as fronteiras nacionais e chegava à Europa e aos Estados Unidos.

No final dos anos de 1930 existiam 65 emissoras de rádio no Brasil, 8 com sede em São Paulo e 12 no Rio de Janeiro. Nesse período, constituiu-se também a primeira rede de emissoras, a Rede Verde-Amarela, formada por duas rádios de São Paulo, uma do Rio de Janeiro e outra de Pernambuco. Mas o projeto durou pouco em virtude da má qualidade das transmissões. Somente nos anos 1970 a estrutura de telecomunicações disponível no Brasil permitiu a ligação de rádios via satélite.

A década de 1940 foi marcada pela era de ouro do rádio. Radionovelas, programas de auditório e de humor, esportes e jornalismo ganharam força e movimentaram a indústria desse meio. Foi o momento de consolidação pela **profissionalização**. Além disso, graças ao surgimento de aparelhos mais acessíveis, o rádio tornou-se efetivamente um veículo de massa, como mostraremos a seguir.

1.2
A era de ouro do rádio

Como vimos, o apogeu do rádio começou ainda nos anos 1930, com o desenvolvimento nos níveis técnico e de pessoal desse veículo de comunicação. Esse período de prosperidade estendeu-se até o início dos anos 1950. Emissoras se profissionalizavam, a linguagem radiofônica passava a ser dominada, surgiam artistas que marcariam época, a audiência crescia a um ritmo vertiginoso e as estações brigavam entre si para conquistar cada um dos ouvintes com investimentos estrondosos. A programação se popularizava para atender seus ouvintes, em especial os analfabetos. Nesse cenário, surgiu um dos instrumentos mais importantes para a aferição da audiência dos meios de comunicação no país: o Instituto Brasileiro de Opinião Pública e Estatística (Ibope).

Um dos maiores sucessos do rádio – e depois da televisão brasileira – despontou em 1942: a **radionovela**. *Em busca da felicidade*, escrita pelo cubano Leandro Blando e adaptada por Gilberto Martins, da Rádio Nacional do Rio de Janeiro, foi a primeira obra do gênero. Em pouco tempo, as radionovelas proliferaram e passaram a ser elemento fundamental na programação das rádios, como observa Ortriwano (1985). Em 1945, o sucesso era tanto que só a Rádio Nacional transmitia 14 radionovelas por dia. As relações comerciais eram explícitas e os nomes dos patrocinadores pontuavam a programação. A Colgate-Palmolive, por exemplo, investia no patrocínio de radionovelas e também de programas musicais. O mesmo viria a acontecer com os programas jornalísticos.

A primeira radionovela escrita por um brasileiro foi *Fatalidade*, de Oduvaldo Vianna, emitida em 1941 pela Rádio São Paulo. Mas o grande sucesso dramatúrgico radiofônico foi *O direito de nascer* (1951), de autoria do escritor cubano Félix Caignet e com tradução de Eurico Silva; a produção ficou quase dois anos no ar.

Nessa época, os programas humorísticos também passaram a fazer sucesso, embora tenham surgido como gênero radiofônico ainda em 1931, com o programa *Manezinho e Quintanilha*, que tinha duração de cinco minutos e era transmitido pela Rádio Sociedade do Rio de Janeiro. Na era de ouro do rádio, porém, destacaram-se os programas *PRK30*, *Tancredo e Trancado*, *Piadas do Manduca* e *Edifício Balança Mas Não Cai*.

Outras emissoras fizeram apostas diferentes. A Rádio Panamericana, de São Paulo, começou a trabalhar mais intensamente com transmissões esportivas e, por fim, especializou-se nessa área. O radiojornalismo ganhou personalidade com o *Repórter Esso*, da Rádio Nacional do Rio de Janeiro, e com o *Grande Jornal Falado Tupi* e o *Matutino Tupi*, ambos da rádio paulista de mesmo nome. Boa parcela do sucesso alcançado tinha ligação com a necessidade de obter informações sobre a Segunda Guerra Mundial. As pessoas queriam notícias rápidas e recentes, sem tanta profundidade. O rádio era o veículo ideal para isso e já naquela época mostrava potencial para transmitir os fatos com rapidez e prontidão (Zuculoto, 2003).

O ***Repórter Esso*** ficou no ar durante 27 anos, propagando, nesse período, seu testemunho de alguns dos mais importantes eventos da história do país. As principais notícias do Brasil e do mundo eram comunicadas pela voz grave de Heron Domingues, locutor exclusivo do radiojornal. Jung (2004) comenta que, nesse programa jornalístico, a notícia era redigida sem adjetivos, de forma direta, com períodos curtos, o que conferia mais objetividade aos textos. Sem o uso de orações intercaladas, os textos já não eram lidos tal como chegavam das agências de notícia, produzidos para serem publicados em jornais impressos. O programa dispunha até mesmo de um manual de redação, para unificar sua linguagem. Além da preocupação com a padronização do texto das notícias, o programa também exigia uma redação estruturada. Nesse contexto, foi criado por Heron Domingues o primeiro departamento de jornalismo de uma emissora de rádio brasileira, chamado Seção de Jornais Falados e Reportagem da Rádio Nacional.

Os jornais falados da Tupi também marcaram época e, assim como o *Repórter Esso*, fizeram "escola" no radiojornalismo brasileiro, estabelecendo uma linguagem jornalística própria e extinguindo a simples prática da leitura de jornais nos microfones das rádios. O **Matutino Tupi**, que teve sua estreia em 1946, foi transmitido durante 31 anos.

Em 1924, foi assentada a pedra fundamental do maior império de comunicação da história do país, os Diários e Emissoras Associados, do magnata Assis Chateaubriand. O grupo chegou a ser proprietário de 33 jornais, 25 emissoras de rádio, 22 de televisão, 28 revistas, 1 editora, 2 agências de notícias, 2 gravadoras, entre outras empresas de negócios em comunicação.

Entretanto, com o surgimento da televisão, em 1950, a época de ouro entrou em decadência, e os artistas passam a migrar para o novo veículo, assim como os anunciantes. O rádio teve de se reinventar na tentativa de cativar seu público. Esportes, jornalismo e prestação de serviços apareceram como novas frentes a serem exploradas. Com menos faturamento, havia menos investimento. As rádios musicais trocaram os astros e estrelas pela vitrola e pelas músicas gravadas. Os programas de animadores de auditório e as radionovelas também foram gradativamente diminuindo, cedendo espaço às notícias e aos serviços de utilidade pública. De acordo com Ortriwano (1985), o mercado regional apareceu como uma alternativa, principalmente no campo informativo, e as emissoras começaram a procurar seu público específico na tentativa de especializar-se.

No entanto, uma tecnologia eletrônica chegou na década de 1950 para revolucionar o rádio e salvá-lo do total enfraquecimento: o transístor. Com esse dispositivo, criado em 1947 por cientistas norte-americanos, o rádio ganhou mobilidade e pôde ser levado para qualquer lugar, sem precisar de uma tomada. No final da década, já era possível fazer coberturas fora do estúdio e o repórter na rua ganhava agilidade, uma vez que a notícia poderia ser transmitida ao vivo por meio de unidades móveis.

Outra importante mudança que possibilitou ao rádio recuperar seu prestígio foi a criação de programas dedicados aos serviços de utilidade pública. Primeiro, como observa Ortriwano (1985), apareceram como notas de achados e perdidos e depois se ampliaram até a criação de setores exclusivos nas emissoras. Boletins meteorológicos, relatos das condições das estradas e ofertas de empregos eram algumas das informações que esses serviços ofereciam. Por outro lado, algumas emissoras especializaram-se em música. Esses dois tipos de rádio tornam-se comuns nos anos 1960. Na época, entraram no ar também as emissoras em **frequência modulada**, as **FMs**. Primeiro, elas eram transmitidas em sinal fechado para locais que exigiam música ambiente, como foi o caso da Rádio Imprensa. Na década de 1970, transformaram-se em canal aberto, e muitas emissoras passaram a transmitir nessa frequência, todas dedicadas à programação musical. A primeira a operar exclusivamente em FM, porém, teria sido a Rádio Difusora de São Paulo; contudo, segundo Ortriwano (1985), esse pioneirismo é contestado, pois a Rádio Eldorado, igualmente de São Paulo, quando fundada em 1958, transmitia em ondas médias e usava também a FM para transmitir música fora da faixa comercial.

A Panamericana estruturou seu departamento de jornalismo de tal forma, em 1967, que mudou a imagem da rádio, tida até então como esportiva. Assim como essa emissora, muitas optaram pela especialização, passando a definir seus públicos entre as diferentes classes sociais e dirigindo-se a eles com uma linguagem própria. Na etapa seguinte desse processo, as grandes emissoras passaram a dividir seu público por faixa horária e por programas. Em 1980, a Rádio Jornal do Brasil, do Rio de Janeiro, passou a dedicar-se à informação, aproximando-se do formato *all news* norte-americano.

A modernização do rádio aconteceu aos poucos. Nos últimos dias de 1982, a Rádio Jornal do Brasil FM, do Rio de Janeiro, tornou-se pioneira na utilização do *compact disc audio digital*. Logo esse aparato começou a se difundir, e rádios AM também passaram a usá-lo. O sistema de comunicação por satélite agilizou as transmissões nacionais e internacionais, possibilitando unificar a programação de grandes redes de emissoras.

Podemos observar que, com uma demanda tão heterogênea, tornava-se necessário segmentar a programação e, em alguns casos, as próprias emissoras. Para Richers e Lima (1991), as rádios brasileiras encontraram três segmentos: o jornalismo, o musical e o popular. Essa divisão deu-se em função de fatores como: os padrões de consumo, as utilidades procuradas pela audiência em determinados conteúdos, o estilo de vida e o padrão de comportamento social e econômico das pessoas, bem como a suscetibilidade à influência de formadores de opinião.

Em um mercado competitivo, cenário presente até os dias de hoje, o consumidor é constantemente persuadido pelas marcas e pela publicidade. A formação dos grupos empresariais nos anos 1970 e 1980 facilitou essa tarefa, uma vez que eles passaram a controlar vários veículos de comunicação: rádios, televisões, jornais. É claro, porém, que as pequenas e médias empresas também competem nesse mercado, muitas vezes com vantagem e sucesso.

1.3
As relações entre rádio e contextos sociopolíticos

A ligação do rádio com a política e sua utilização como instrumento de poder são evidentes desde o início da história desse veículo de comunicação no Brasil, com a transmissão do discurso do Presidente Epitácio Pessoa, em 1922. Pouco tempo mais tarde, nos anos 1930, empresários começaram a perceber que o meio radiofônico era muito mais eficaz para divulgar produtos – e ideias – do que os veículos impressos, até mesmo em razão do grande número de analfabetos existentes no Brasil daquele período. O rádio, então, adquiriu novas funções ligadas ao desenvolvimento político e econômico do país. No início dessa década, começou a veicular propaganda política e, em determinados episódios, como a Revolução Constitucionalista de 1932, em São Paulo, conclamou o povo em favor de uma causa política. A partir daí, tornou-se comum a participação de políticos na programação de rádio, para ministrar "palestras instrutivas", como dizia Paulo Machado de Carvalho, proprietário da emissora pioneira nesse processo, a Rádio Record. O comando dessa rádio pela elite paulista, contrária a Getúlio Vargas, já demonstrava que a ideologia propagada por aquele meio não seria a favor do governo.

Segundo Ortriwano (1985), o primeiro governante brasileiro a ver a grande importância do rádio foi Getúlio Vargas, que passou a utilizá-lo de acordo com um modelo autoritário. Em 1931, com a regulamentação da radiodifusão, o governo reservou para si o direito de conceder os serviços de comunicação a empresas particulares mediante prazos estipulados previamente. O decreto que liberou as possibilidades de exploração comercial mostra as estreitas relações entre os veículos de comunicação, o Estado e as empresas privadas, relações que perduram de maneira incisiva até os dias de hoje. Vargas deu atenção especial ao rádio porque descobriu nele um meio de comunicação que podia atingir a massa analfabeta do país. A criação do *Programa Nacional*, em 1935, que três anos mais tarde passaria a ser chamado de *Hora do Brasil*, por exemplo, tinha a finalidade de divulgar as realizações e atos do Estado Novo. Mas Vargas não conseguia espaço em todas as emissoras. A Rádio Record, que teve início em 1931 e exigia a deposição do presidente, registrou muitas manifestações contrárias ao governo. A certa altura, chegou a conclamar o povo às ruas para lutar contra a ditadura vigente.

Na época de ouro do rádio, o Departamento de Imprensa e Propaganda (DIP) transmitia um boletim diário em inglês e espanhol para toda a América Latina pela Rádio Nacional, que em 1941 ocupava o quinto lugar no *ranking* mundial das emissoras mais potentes. O objetivo era divulgar notícias sociais e políticas, com a intenção de difundir internacionalmente as realizações de Getúlio Vargas.

Em 1945, por eleições diretas, chegou ao poder o Marechal Eurico Gaspar Dutra, que mudou o nome da *Hora do Brasil* para *Voz do Brasil* e deu mais autonomia à Agência Nacional, responsável pelo programa. Em 1950, Vargas retornou ao governo e, dois anos mais tarde, passou a transmitir diretamente do Palácio Presidencial o programa *Aconteceu no Catete*, que fazia a cobertura da rotina do presidente e era emitido pela Rádio Nacional. Mas nessa década o presidente não conseguiu o mesmo êxito com a comunicação pelo rádio de que desfrutara no mandato anterior. As emissoras de Assis Chateaubriand e da família Marinho faziam pressão em oposição ao político. Em 1956, Juscelino Kubitschek ganhou as eleições e também utilizou o rádio, por meio da *Voz do Brasil*, para divulgar seu plano de metas.

Enquanto nos anos 1960 o rádio parecia desprestigiado, limitando-se a veicular música e informação, na década seguinte ele se mostrou mais atuante. O jornalismo tornou-se mais expressivo em algumas emissoras, que voltaram a se preocupar com o rádio de qualidade. Por outro lado, o sistema político reduzia bastante as potencialidades noticiosas do rádio, já que a censura atuava de forma constante nas redações. Além disso, o próprio sistema de concessões de canais a particulares por tempo determinado podia ser entendido como uma maneira de exercer controle sobre a programação. Para ser proprietário de uma emissora, não eram necessários somente recursos financeiros, documentação e equipamentos. Era preciso desfrutar de apadrinhamentos políticos ou da influência do poder econômico. Como os que possuíam o poder político eram os mesmos detinham o poder econômico, o setor se apresentava como mais uma fonte para aplicar capital. Assim, como observa Caparelli (1986), as emissoras foram sempre concessões públicas outorgadas a agentes privados, e estes, ao fim e ao cabo, são os que manobram a coisa pública. Desse modo, as concessões, que dependem da decisão do presidente da República, na maioria das vezes, são dadas aos representantes dos grupos dominantes. As Constituições brasileiras, a propósito, sempre afirmaram a competência da União na exploração desses serviços.

O rádio brasileiro, segundo Carmona e Leite (1981), sempre foi utilizado pelos governantes, fosse para divulgar realizações ou campanhas, fosse para viabilizar a atuação da censura, fosse para veicular mensagens publicitárias que reforçavam a imagem do poder vigente. Mas essa visão simplifica bastante um meio tão complexo quanto o rádio. Embora realmente esteja presente em muitos casos, o discurso dos governantes, que orienta a opinião pública, não tem espaço em todas as emissoras. Algumas estações conseguem atuar nas brechas do sistema, não somente as comunitárias, mas também as que entendem seu compromisso com o público que delas participa de forma democrática. Para fazer parte da construção dos fatos, o ouvinte deve ter condições de interagir e expor suas opiniões.

A história do rádio mostra que ele é um instrumento que pode servir à mudança ou à manutenção de um estado político. Pode servir como instrumento ideológico, caso seja controlado por grupos de poder que pretendam inculcar suas convicções no pensamento coletivo de determinada comunidade. Para muitos estudiosos da comunicação, Hitler, por exemplo, teria sido inconcebível sem o rádio. No Brasil, o melhor exemplo do uso desse meio para disseminar uma posição política foi o de Getúlio Vargas, que aprendeu a tirar dele seu melhor proveito. Outros tantos políticos, principalmente em níveis regionais, ainda são mantidos ou inseridos na política graças à visibilidade que o rádio lhes proporciona. Basta observarmos exemplos como o da família do ex-Presidente José Sarney, que é dona de diversos veículos de comunicação no Maranhão, para termos uma evidência desse fenômeno. Aliás, durante o governo de Sarney, muitas concessões foram dadas em troca de votos para aprovar o mandato de cinco anos para o cargo de presidente da República. Ao todo, 418 novas emissoras de rádio e televisão foram abertas, segundo dados do Fórum Nacional pela Democratização da Comunicação (Moura, 2016). Isso significa que, de todas as concessões feitas até 1993, 40% eram para políticos.

Nos governos que se seguiram, a prática continuou, mas em menor volume. O governo de Fernando Henrique Cardoso outorgou 23 estações para políticos, e o de Luiz Inácio Lula da Silva, até agosto de 2006, entregou 27 canais a fundações ligadas a políticos. Partidos políticos, entidades da sociedade civil e institutos de pesquisa têm se mobilizado para evitar esse tipo de abuso. Em 2015, foi protocolada uma Arguição por Descumprimento de Preceito Fundamental (ADPF 379) no Supremo Tribunal Federal (STF). No mesmo ano, foi entregue ao Ministério Público Federal uma representação que denunciava os políticos listados na ADPF.

Como sempre teve grande poder de penetração, o rádio se uniu à política em muitos momentos com a intenção de servir a interesses políticos, inclusive em tempos de grandes conflitos.

1.4
O rádio em situações de guerra e em regimes autoritários

Durante a Segunda Guerra Mundial (1939-1945), o rádio serviu para informar o mundo sobre as notícias do *front*. As ondas curtas foram utilizadas com essa finalidade em um momento-chave da história, mas tiveram também um papel determinante na divulgação das ideologias em combate. Desempenhavam, portanto, uma **dupla função**: os correspondentes estrangeiros dependiam delas para transmitir ao mundo suas informações sobre o conflito; mas essas ondas de alta frequência eram empregados também pelos dois lados do conflito, os Aliados e o Eixo, como eficaz instrumento de propaganda e comunicação em código (Moreira, 2002).

Entre 1939 e 1945, o veículo era utilizado por emissoras de toda a Europa para fazer guerra de contrainformação. As ondas curtas possibilitavam longo alcance, e os alvos eram bem delimitados. A *propaganda negra*, como ficou conhecida a prática de semear informações falsas em tempo de conflito bélico, chegava a todo canto. O regime nazista, liderado por Adolf Hitler, transformou esse recurso em seu principal aliado. Exemplo disso foi a implantação do Sendergruppe Concordia (grupo de transmissores Concórdia), uma equipe de emissores de rádio que atuava sob a responsabilidade da Companhia Estatal de Radiodifusão (Reichsrundfunkgesellschaft), vinculada ao Ministério de Educação e Propaganda, operando quatro emissoras cuja programação tinha como alvo prioritário a Inglaterra. Um programa diário de noventa minutos era transmitido em inglês com ataques políticos a Winston Churchill. Os ingleses também atacavam, transmitindo em alemão por meio de suas emissoras. Essas operações, porém, eram menos eficazes que as informações oficiais centralizadas por uma estrutura política autoritária, que neutralizava a contrainformação.

Alguns fatores contribuíram para ampliar o poder da mídia sob o domínio nazista, conforme análise de Lazarsfeld e Merton (1978). Entre eles sobressaía o ambiente de monopolização que favorecia a utilização do rádio como instrumento de divulgação da ideologia do regime. Além disso, os grupos de poder trabalhavam para convencer a população a mudar determinados valores e atitudes, e os contatos pessoais entre esses grupos e as bases, aliados à ação dos meios de comunicação, reforçavam essa influência.

O nazifascismo controlou progressivamente os meios de comunicação, os partidos, os sindicatos e as demais organizações. Em 1933, com a ascensão do Terceiro Reich, Joseph Goebbels assumiu o Ministério da Informação e Propaganda e, como o rádio era estatal, seu controle tornou-se ainda mais efetivo com o alto escalão nazista no poder. O governo controlava a organização e seleção dos locutores, que precisavam pertencer ao partido para poder trabalhar nas emissoras. A distribuição de aparelhos de rádio foi muito incentivada, incluindo doações e vendas a preços reduzidos. Os líderes nazistas obrigavam restaurantes, cafés e lugares públicos a possuir um aparelho e espalhavam alto-falantes em lugares movimentados para difundir seus discursos. Empresas e fábricas interrompiam o trabalho dos funcionários para que eles ouvissem programas que repetiam lemas e ordens do partido.

Tanto Hitler, na Alemanha, quanto Mussolini, na Itália, líderes máximos do nazifascismo, faziam amplo uso do rádio para criar um clima de apoio absoluto a seus regimes. Os temas abordados iam sempre ao encontro das expectativas das populações alemã e italiana com enfoque positivo: partido forte, exército vencedor, promessas de um futuro melhor. Por outro lado, debitavam os fatos negativos a grupos inimigos e deformavam informações para favorecimento próprio. Segundo Morán (1981), o ritmo dos discursos era variado: Hitler alternava frases sedutoras com outras ameaçadoras e mesclava momentos de ternura e de fúria.

Em outros regimes ditatoriais que se estabeleceram pelo mundo, o rádio também foi bastante importante para a propagação da ideologia dominante. Na Espanha, por exemplo, durante a Guerra Civil, a partir de 1936, o rádio passou a ser utilizado pelos combatentes, principalmente para transmitir discursos do General Franco para suas tropas. No ano seguinte foi inaugurada a Rádio Nacional da Espanha, que monopolizava a informação graças à Lei de Imprensa, que permaneceu em vigor até 1966. Nesse período, muitas rádios deixaram de existir para dar lugar a emissoras do governo. Até o final da guerra, incentivava-se a compra de aparelhos receptores e crescia o número de estações aliadas ao regime franquista. O mesmo ocorreu em Portugal, durante a ditadura de Salazar, e em tantas outras nações que se encontravam sob regimes autoritários ou em situações de conflito.

Com o fim da guerra, o mundo se dividiu em dois blocos: um capitalista e outro comunista, dando início assim à chamada *Guerra Fria* (1945-1989). O rádio, no entanto, continuava a ser empregado como instrumento de combate. Porém, as transmissões em ondas curtas, embora continuassem sendo bastante utilizadas como meio de propaganda, passaram a conviver com um método de guerra chamado *jamming*, uma forma de interferência que impedia o sinal de chegar aos seus receptores. Essa tática, a propósito, já tinha sido usada em algumas oportunidades pelos nazistas, mas passou a ser extensamente utilizada para bloquear transmissões radiofônicas entre os dois blocos antagônicos que se formaram no pós-guerra.

Síntese

Neste capítulo, apresentamos o percurso histórico do rádio, abordando principalmente seus aspectos políticos e sociais. Considerando desde as primeiras experiências com a radiotransmissão até a época de ouro do rádio, destacamos alguns aspectos relacionados ao entretenimento, mas principalmente à informação. Você certamente percebeu que a história do rádio caminha lado a lado com a história das tecnologias, pois, cada vez que surgia ou se popularizava uma ferramenta nova, como o transístor ou o telefone, a rotina de produção do meio era alterada. Também mostramos de que maneira o rádio foi utilizado durante guerras e ditaduras, no Brasil e no mundo. Essa forma de utilização revela o quanto o veículo é influente e como pode ser persuasivo.

Questões para revisão

1. Sobre a história do rádio no Brasil, marque a alternativa **incorreta**:
   a) A primeira transmissão radiofônica no Brasil foi realizada no Rio de Janeiro, em setembro de 1922, como parte das comemorações do Centenário da Independência, pela Rádio Sociedade do Rio de Janeiro.
   b) O rádio já nasceu como um meio bastante popular, pois, quando de sua inauguração, muitas pessoas já possuíam o aparelho receptor.
   c) As primeiras emissoras eram chamadas de *clubes* ou *sociedades*, porque nasciam como associações formadas por entusiastas do rádio.
   d) A década de 1940 foi marcada pela época de ouro do rádio.

2. Durante a Segunda Guerra Mundial, o rádio informava o mundo sobre as notícias do *front*. Sobre esse tema, assinale a alternativa **incorreta**:
   a) As ondas tropicais eram as mais utilizadas para enviar informações.
   b) O rádio foi utilizado para fazer guerra de contrainformação.

c) Hitler encontrou no rádio uma forma de disseminar a ideologia nazista.

d) Na Alemanha nazista, os locutores tinham de pertencer ao partido do poder para que pudessem trabalhar nas emissoras.

3. A época de ouro do rádio foi caracterizada pelos seguintes acontecimentos:

I) Profissionalização e domínio da linguagem.

II) Programação popular, com espetáculos de auditório e radionovelas.

III) Conteúdo erudito, com música clássica.

IV) Criação de radiojornais importantes, como o *Repórter Esso* e o *Grande Jornal Falado Tupi*.

São corretos os itens:

a) I e II.
b) I, II e III.
c) I e IV.
d) I, II e IV.

4. Com base na citação abaixo, discorra sobre as mudanças operadas no radiojornalismo com a introdução de noticiários como o *Repórter Esso*.

> As primeiras duas décadas do rádio no Brasil foram consagradas à leitura dos jornais impressos no ar. Os locutores, chamados *"speakers"*, não faziam cerimônia em ler as notícias diretamente do jornal ou a recortá-las destes. O estilo "pomposo e rebuscado" da época desprezava qualquer iniciativa de busca de uma linguagem sintética. Nem mesmo os horários de início e término dos programas eram observados com rigidez. As notícias despertavam o interesse dos ouvintes, mas eram pulverizadas em meio à programação, sem tratamento especial, sem regras, sem tempo determinado. (Klöckner, 1998, p. 110)

5. Descreva de que forma Getúlio Vargas utilizava o rádio para divulgar suas realizações políticas.

Capítulo
02

Direitos e deveres

Conteúdos do capítulo:

- Políticas de comunicação e legislação na radiodifusão.
- Responsabilidade social e ética na radiodifusão.
- Cenário profissional atual no âmbito do rádio.

Neste capítulo, enfocaremos as políticas de comunicação aplicadas ao rádio e a legislação que regula o veículo, com o objetivo de contextualizar o cenário burocrático em que ele está inserido. Abordaremos também questões relacionadas à responsabilidade social desse meio de comunicação e à função essencial que ele exerce na prestação de serviços, bem como o exercício dos preceitos éticos do jornalismo aplicados ao rádio. Por fim, apresentaremos um panorama do cenário profissional atual.

2.1
Políticas de comunicação e legislação

As políticas de comunicação relativas à radiodifusão e também ao tráfego de informações via transmissão de dados são modificadas a cada nova transformação tecnológica, política ou mercadológica. Entendidos como parte da estratégia de desenvolvimento do país e como bem público, esses serviços são, em quase todos os lugares do mundo, monopolizados pelo Estado e, portanto, sua regulamentação envolve, entre outros, fatores de ordem jurídica, econômica e política. Enquanto o conteúdo das transmissões de dados e telefonia é considerado de cunho privado, na radiodifusão tanto a distribuição como o conteúdo são controlados, independentemente do modelo seguido: público/estatal ou comercial. Santos e Silveira (2007, p. 52) afirmam que essa regulação inclui "critérios culturais e econômicos, além do político, estando mais próximos à lógica aplicada anteriormente à imprensa".

A ligação do Estado com os aparatos burocráticos de regulamentação sempre foi uma forma de monitorar a mídia. Com o surgimento e a evolução dos meios, também as regras que se aplicam a eles se reorganizam. Para Santos e Silveira (2007), a regulamentação pretende proporcionar uma infraestrutura unificada que assegure a demanda de aparelhos eletrônicos, ajude a criar audiência de massa e seja capaz de mobilizar politicamente os cidadãos, favorecendo a formação da opinião pública. Assim, a associação entre o Estado e o setor da indústria eletroeletrônica garante a existência e o desenvolvimento de um mercado renovável nesse setor, apoiado pela indústria do rádio e da televisão e baseado no comércio de bens simbólicos e materiais.

As políticas de comunicação desenvolveram diferentes sistemas de exploração da radiodifusão, conforme os objetivos pretendidos pelos grupos de poder que delimitavam sua regulamentação. Basicamente, esses sistemas estão divididos em dois grupos (Ortriwano, 1985): **sistema de monopólio ou autoritário** (monopólio do Estado que cria uma empresa pública com a finalidade de radiodifusão, comum nos regimes socialistas) e **sistema pluralista** (sistema que permite que emissoras estatais e privadas sejam exploradas comercialmente). É neste último sistema que se enquadra o Brasil, embora as emissoras estatais tenham uma audiência inferior à das comerciais. Em países como a Inglaterra ocorre o contrário, as emissoras públicas são mais expressivas. Nesse sistema, o Estado detém o direito de transmitir e o concede a terceiros a título precário. A forma de atuação pode ser subdividida entre a **teoria da responsabilidade social** (em que se dá prioridade à informação e ao entretenimento e a manutenção é garantida por meio da publicidade) e a **teoria liberal** (com a mesma finalidade, mas com um conteúdo sujeito a ferramentas de controle representadas por diferentes segmentos da comunidade) (Ortriwano, 1985). No Brasil, funciona o primeiro modelo, e o Estado, por meio do Poder Executivo, é quem garante o uso social do veículo, de modo que as empresas de radiodifusão sejam responsáveis pelo conteúdo que emitem e pelas consequências que este possa acarretar.

As leis relativas aos serviços de radiodifusão são de competência legislativa da União, bem como as concessões e renovações das emissoras, conforme estipula o art. 223 da Constituição Federal de 1988 (Brasil, 1988). Esses serviços estão sob o regime da Lei n. 4.117, de 27 de agosto de 1962, que estabelece:

> Art. 32. Os serviços de radiodifusão, nos quais se compreendem os de televisão, serão executados diretamente pela União ou através de concessão, autorização ou permissão.
>
> Art. 33. Os serviços de telecomunicações, não executados diretamente pela União, poderão ser explorados por concessão, autorização ou permissão, observadas as disposições da presente lei. (Brasil, 1962)

Essa lei, desde sua implantação, não teve nenhuma nova edição, mesmo com a evolução tecnológica que se seguiu. Ela apenas foi modificada pela Lei n. 10.610, de 20 de dezembro de 2002 (Brasil, 2002), que dispõe sobre a participação de capital estrangeiro nas empresas de radiodifusão (Scorsim, 2016).

Segundo o art. 222 da Constituição, as empresas de radiodifusão devem ser geridas por brasileiros natos ou naturalizados há mais de dez anos, inclusive no que diz respeito à responsabilidade editorial e de programação. Como observa Scorsim (2016), o Ministério Público tem papel importante na fiscalização das outorgas. O órgão já atua, por exemplo, na questão da classificação indicativa dos programas de televisão de forma a defender os direitos das crianças e dos adolescentes, na proteção dos direitos dos consumidores em relação à publicidade, no âmbito do direito à informação atualizada nos programas jornalísticos etc.

Esse artigo da Constituição também estabelece que 30% do capital das empresas de radiodifusão podem ser provenientes de capital estrangeiro. Além disso, uma mesma entidade pode gerir até dez estações de radiodifusão no âmbito nacional e duas no âmbito estadual. Não estão incluídas nesse limite as repetidoras e transmissoras.

No que diz respeito ao uso do rádio por políticos, o art. 54 da Constituição determina que deputados e senadores não podem ser proprietários, associados nem controladores de empresas que possuam concessões. Já os partidos políticos podem ter tempo de antena gratuito por meio de propaganda partidária. No âmbito da legislação eleitoral, existem regras para essa utilização, as quais visam combater seu uso indevido. No caso das entidades religiosas, não há nenhum impeditivo para que possam ter acesso ao serviço de radiodifusão. Por outro lado, conforme lembra Scorsim (2016), como as emissoras são entendidas como bem comum, não deveriam atender apenas a um público específico. Existem projetos de lei que pretendem alterar a Lei n. 4.117/1962 para restringir o acesso de organizações religiosas aos canais de televisão aberta.

No que se refere à questão da publicidade, a lei de 1962 prevê a possibilidade de venda de espaços comerciais, desde que estes não excedam 25% da programação. A liberdade de expressão comercial é protegida, com exceção do que é estabelecido pelas normas especiais relativas à propaganda de cigarros, medicamentos, bebidas alcoólicas e agrotóxicos. A fiscalização do conteúdo transmitido pelas empresas de radiodifusão e a verificação do cumprimento da legislação são realizadas pela Agência Nacional de Telecomunicações (Anatel).

A autorização para migração das rádios de frequência AM para FM foi implantada pelo Decreto n. 8.139, de 7 de novembro de 2013 (Brasil, 2013). As regras para isso foram definidas pelo Ministério das Comunicações, que, juntamente com a Anatel, analisa os processos. O Ministério também estuda as normas para o funcionamento do rádio digital e a escolha do padrão a ser adotado por essa modalidade, como será descrito com mais detalhes no Capítulo 6.

Os casos problemáticos em relação à regulamentação do Estado geralmente dizem respeito aos programas jornalísticos, por vezes considerados ofensivos, o que pode resultar na perda da concessão e em outras penalidades. Como as emissoras são propriedade da União, entende-se que não devem ir contra os interesses da coletividade. A Lei n. 4.117/1962, em seu art. 38, estabelece que "as emissoras de radiodifusão, inclusive televisão, deverão cumprir sua finalidade informativa, destinando um mínimo de 5% (cinco por cento) de seu tempo para transmissão de serviço noticioso".

Diferentemente dos meios impressos, o rádio e a televisão, pelas características que apresentam e por sua influência, são muito mais submissos às leis e regulamentações. Como observa Ortriwano (1985), desde o surgimento do rádio no Brasil, todas as Constituições brasileiras destacaram a competência da União na exploração, tanto direta quanto por meio de concessão, dos serviços de radiodifusão.

Várias leis definem as políticas de comunicações no país. Os meios de comunicação podem incorrer em dois tipos de transgressão: crimes de informação, relativos ao conteúdo publicado, e crimes de telecomunicações, referentes ao veículo de comunicação (Costella, 1976, citado por Ortriwano, 1985).

2.2
Responsabilidade social e ética

A radiodifusão estatal ou comercial está fundamentada em três pilares: técnica, programação e audiência. Existe ainda, porém, o fator **lucro**, que define o objetivo de cada emissora. No rádio comercial, o interesse, obviamente, é garantir lucro pela venda de espaço publicitário. As empresas estatais, por outro lado, não precisam gerar a verba necessária para sua manutenção. É justamente em função da relação comercial que se estabelece, muitas vezes, a linha dominante dos conteúdos veiculados, inclusive os jornalísticos. Além do lucro, que influencia diretamente o faturamento da rádio, visa-se ao lucro indireto, ou seja, à possibilidade de usufruir de todas as prerrogativas da concessão e também de garantir outras fontes de lucro, com novos anunciantes (Ortriwano, 1985).

Perguntas & respostas

Quais são os formatos dos comerciais veiculados no rádio?

Os formatos mais comuns da publicidade encontrada no rádio são o **spot** (inserções curtas veiculadas nos intervalos comerciais), o **jingle** (mensagem musical cantada, geralmente formada por frases curtas, com o intuito de ser persuasiva e facilmente lembrada), o **patrocínio** (por meio dele, anunciantes associam seu produto a um programa de rádio) e o **testemunhal** (o próprio apresentador, geralmente ao vivo, fala sobre as qualidades do produto, imprimindo nele sua credibilidade).

....

Os vínculos que interferem na programação podem ser comerciais, mas também políticos. As rádios estatais, por exemplo, não têm compromisso com a exploração publicitária para gerar lucro. Como são financiadas por agentes públicos, deveriam configurar-se como veículos de ação cultural e política não partidária. Para Koçouski (2012), os objetivos próprios da comunicação pública seriam colocar à disposição os dados públicos, promover o relacionamento entre o serviço público e seus usuários, divulgar os serviços e as políticas públicas, realizar campanhas de interesse geral, valorizar a instituição e estabelecer o debate público. Mas, na prática, as emissoras estatais podem ter outras finalidades. Muitas, justamente por terem como mantenedor o Estado, por meio dos Poderes Executivo, Legislativo e Judiciário, em âmbitos municipais, estaduais e nacional, podem servir como veículo de propaganda partidária e ferramenta de legitimação do discurso político de agentes instaurados no poder em determinado momento.

Se o problema nas rádios estatais é sua possível manipulação por parte dos gestores, nas comerciais são os interesses econômicos de anunciantes que mais desviam as emissoras de sua função social. Como destaca Ortriwano (1985), as empresas comerciais de radiodifusão estão voltadas para o ato de satisfazer o maior número de pessoas possível, sem preocupação com o conteúdo.

Trata-se daquilo que essa autora salienta como "dar ao público o que o público quer", frase comumente dita pelos programadores das emissoras comerciais de radiodifusão, mesmo sem terem parâmetros reais para saber o que o público quer.

Cabe salientar que, além do incentivo ao consumo de bens materiais, a publicidade também atua na negociação de bens simbólicos.

Às relações comerciais juntam-se ainda as relações de poder ou políticas, também bastante influentes no processo de criação de programas musicais, informativos e de entretenimento. A eficácia na transmissão de valores carregados de ideologia dessa dupla persuasiva advém da abrangência de seu conteúdo – quanto mais longe for a mensagem, melhor – e de sua repetição constante. Os objetivos dos grupos econômicos limitam a liberdade de escolha nas rádios comerciais. Sua programação é transformada em mercadoria a ser vendida para a massa, que é a audiência. As pesquisas de mercado mostram o resultado dos investimentos e é isso que determina a manutenção deles ou não. Assim, levados pelo sobe e desce dos índices de audiência, muitos veículos de comunicação menosprezam a qualidade informativa e de entretenimento.

Isso não significa dizer que, para obter qualidade, é preciso elitizar o serviço, com uma programação erudita. Pelo contrário, é necessário torná-la socialmente abrangente de modo que o ouvinte entre em contato com uma diversidade de opiniões e informação, que seja útil para a formação de seu repertório. Essa bagagem lhe permitirá debater questões cotidianas importantes, como política, economia e cultura. Por meio dessas diferentes questões, abordadas em um conteúdo que preze pela cultura e pela educação (no sentido amplo da palavra), é que o cidadão pode entender seu papel na sociedade e, consequentemente, lutar por seus direitos, exercendo seus deveres de forma plena. Para isso, é primordial a participação da sociedade nos canais de interação que assegurem o direito de expressar questões de diferentes ordens, o que serve, portanto, aos interesses sociais.

A influência das relações comerciais, como vimos anteriormente, existe desde o início do rádio. Nas primeiras décadas, muitos programas carregavam consigo o nome do patrocinador, como o *Repórter Esso*, um dos informativos mais importantes da história do rádio. Mas essa relação, como ressalta Jung (2004), sempre foi marcada por tensões produzidas por supostos conflitos de interesse. A ética, então, era equilibrada pela atuação dos profissionais.

No departamento de jornalismo, a troca de favores pode englobar desde a escolha de uma fonte até o ponto de vista assumido pelas reportagens, muitas vezes mascarado pelas próprias características do rádio. Como observam Kennedy e Paula (2013, p. 37), "a informalidade da linguagem e a entrevista ao vivo com tom de conversa muitas vezes deixam fonte e jornalista confusos sobre o grau dessa distância". Isso também ocorre quando o jornalista usa como critério para a seleção de um entrevistado a amizade ou a comodidade ou quando ele compromete uma pessoa em consequência da edição que faz de seu depoimento.

A possibilidade de "vender" uma fonte, principalmente quando se trata de um político, também é uma falta grave, porque prioriza um valor pessoal em detrimento de um valor noticioso. Em troca, é possível obter bens materiais, mas também prestígio e poder proporcionados por aquela fonte. É fácil observar que isso acontece quando repetidamente a mesma pessoa é entrevistada em um programa radiofônico. Um prefeito que sempre fala sobre seus atos, por exemplo, pode estar fazendo campanha no ar, exaltando seus feitos para a população. O jornalismo perde, assim, seu poder de contestação para apenas propagar informações com algum objetivo oculto. O privilégio do acesso aos microfones por determinados grupos e a exclusão de fontes contrárias são indícios de que o veículo está sendo utilizado de forma incorreta.

Nas coberturas policiais do rádio, também são muito comuns os casos de falta de ética. Emissoras populares trabalham muito com essa área do jornalismo e veiculam programas inteiros dedicados a ela. Muitas vezes, tais programas chegam a escalar um repórter para estar na delegacia durante todo o programa e de lá passar os boletins de ocorrências (BOs) registrados. Com base na mera leitura dos BOs, os jornalistas simplesmente passam adiante uma informação preliminar, sem proceder a nenhuma investigação. Desse modo, é possível – e bastante provável – que tais dados sejam posteriormente sujeitos a alterações. Mas o que foi dito está dito. Além disso, caso o repórter descubra o erro e o comunique, é possível que nem todos os que ouviram a primeira versão possam entender o que realmente aconteceu. Assim, uma notícia equivocada será julgada como verdade por parte da audiência.

Há, ainda, profissionais que se colocam no papel de acusadores ou justiceiros, utilizando-se de uma linguagem até mesmo agressiva para julgar os supostos envolvidos nos casos por eles expostos. Claramente, essas são ações muito antiéticas.

Embora exista um Código de Ética do Jornalista, muitas vezes o bom jornalismo está baseado mais nos valores e na cultura do profissional do que na lei que ele deve seguir. "O importante é a postura que o jornalista, o veículo e seus donos adotam porque, lembro mais uma vez, a ética está na ação, sem esta, é apenas estética" (Jung, 2004, p. 85). Também está nas mãos do ouvinte a conservação da ética. Mas, para isso, é preciso que exista um debate público sobre o jornalismo e suas ações, para que o cidadão compreenda o trabalho dos profissionais e possa atuar fiscalizando e exigindo uma conduta correta na prestação do serviço informativo. Como afirma Jung (2004), o código de ética, quando compartilhado com a audiência, ganha autoridade.

Entretanto, a fragilidade ética da produção radiofônica passa também por outros campos de atuação. Na programação musical, as grandes distribuidoras conseguem emplacar seus produtos musicais em virtude de suas relações comerciais com as emissoras. Contudo, a música distribuída por essas grandes empresas fonográficas nem sempre representa e valoriza a cultura brasileira. A concentração econômica transforma o rádio em um ambiente controlado, uma vez que a diversidade musical se resume a um pequeno repertório que divulga poucos gêneros e artistas. As grandes gravadoras já não são apenas produtoras e distribuidoras de música, pois atuam como conglomerados globais de entretenimento e trabalham em diversas áreas diferentes: cinema, televisão, espetáculos e internet. Essa concentração do poder econômico potencializa a estrutura de dominação e controle social que transforma cidadãos em consumidores (Suman, 2006).

O ato de inserir artistas contratados por gravadoras nas emissoras de rádio é designado no Brasil pelo termo *"jabá"*. Mais do que uma tentativa de pressionar o programador, essa prática envolve também, como o termo sugere, algum tipo de suborno. Isso existe desde a década de 1940. De lá para cá, passou por transformações no *modus operandi*, deixando de ser algo informal para se tornar um esquema promocional institucionalizado. Em 2006, o Projeto de Lei n. 1.048, de 21 de maio de 2003, que altera a Lei n. 4.117/1962 e torna crime essa prática, foi proposto pela Comissão de Constituição e Justiça da Câmara dos Deputados, com o acréscimo do seguinte texto:

Art. 53A. Constitui crime, punível de detenção de 1 (um) a 2 (dois) anos, sem prejuízo das sanções de multa, suspensão ou cassação, previstas nesta lei, receber, na qualidade de proprietário, gerente, responsável, radialista ou apresentador de pessoa jurídica autorizada, concessionária ou permissionária de serviço de radiodifusão, dinheiro, ou qualquer outra vantagem, direta ou indiretamente, de gravadora, artista ou seu empresário, promotor de concertos, ou afins, para executar ou privilegiar a execução de determinada música. (Brasil, 2003)

Por outro lado, sabemos como a avaliação de tais casos pode ser subjetiva. Um jornalista que receba um brinde ou ingressos para um *show* deve pesar bem até que ponto está sendo persuadido a fazer propaganda gratuita (nem tanto) para o artista. Entrevistar artistas também exige equilíbrio, para que a entrevista não seja pura e simplesmente divulgação. É necessário sempre prezar pelos fatos noticiosos. O mesmo pode ocorrer com o jornalismo esportivo, em razão da proximidade com as fontes e da emoção envolvida, ambas características dessa área de atuação. É preciso dosar o limite entre a informação e a simples valorização da emoção. Além disso, a própria separação entre o departamento de jornalismo e o esportivo tende a gerar certa confusão, como se os valores de um não fossem iguais aos do outro. É como se o espetáculo do futebol justificasse os desvios éticos, como analisa Jung (2004). Na verdade, algumas atitudes na área esportiva são tão sensacionalistas quanto as praticadas no jornalismo policial.

2.3
Regionalismo, prestação de serviços e responsabilidade

A transmissão das ondas sonoras possibilitou a difusão de informação de uma forma mais democrática. No início do século XX, com a alta taxa de analfabetismo, o rádio foi fundamental para a propagação das notícias entre todos que tivessem acesso a um aparelho. Não era mais preciso saber ler para ter conhecimento sobre o que acontecia no mundo. Mais que no entretenimento, residia na informação o aspecto mais influente do rádio. Consideravam-se os locutores verdadeiros companheiros dos ouvintes. Não à toa, muitos eram chamados de *compadres*. A radialista Comadre Daisy, por exemplo, apresentava o programa *Gentileza Caipira*, que desde 1956 era transmitido pela Rádio Clube Pontagrossense, no Paraná. O programa tinha o interesse de servir como utilidade pública, assim como tantos outros pelo Brasil afora.

Por meio de uma linguagem simples e direta, atrações como *Gentileza Caipira* estabeleciam com seus ouvintes uma relação de afeto, mas também de **credibilidade**. Campanhas beneficentes arrecadavam remédios e alimentos para os que deles precisassem com urgência, recados davam conta da comunicação entre quem estava no hospital e seus familiares de cidades vizinhas. Era uma forma eficaz de prestar serviços a uma comunidade que não dispunha de telefone e para a qual a comunicação a distância era muito complicada.

A valorização do regionalismo no rádio também era primordial, e até hoje se apresenta como uma característica intransferível desse meio. Mesmo as grandes redes de âmbito nacional apostam na programação local, base de sua audiência. Falar sobre assuntos da comunidade atrai o ouvinte de forma mais eficaz porque, acompanhando esse tipo de programação, ele pode saber do trânsito, da previsão do tempo e das discussões políticas da cidade em que vive. Esse é um dos aspectos que diferenciam o rádio da televisão, por exemplo, que precisa de uma estrutura muito mais complexa, o que dificulta a instalação de emissoras em cidades de pequeno porte. Nesses locais, o veículo mais importante e eficaz sempre foi, e continua sendo, o rádio.

Mesmo nas pequenas comunidades, a força desse veículo nunca deve ser subestimada. Um fato pode repercutir em questão de segundos, dada a instantaneidade do meio. É fundamental ter consciência disso nas atividades do jornalismo. Por isso, é preciso informar com responsabilidade, sem dramatizações. Muitos jornalistas, na ânsia de conseguir um "furo de reportagem", acabam por antecipar precipitadamente uma informação sem checagem profunda. É necessário, antes de tudo, entender a gravidade do assunto para só então divulgá-lo. E, mesmo assim, deve-se fazê-lo de forma a não deixar dúvidas. Casos de saúde pública, como epidemias, devem ser tratados com responsabilidade, caso contrário, promovem-se o caos e o pânico entre os ouvintes. É imprescindível, primeiro, conversar com responsáveis pelos departamentos de saúde pública, especialistas da área e pesquisadores sobre a dimensão do problema.

A cobertura dos casos das doenças transmitidas pelo mosquito *Aedes aegypti* é um bom exemplo do tratamento dado a essa categoria de informação. O maior surto desse tipo de enfermidade no Brasil aconteceu, segundo o Ministério da Saúde, em 2013, quando cerca de 2 milhões de casos de dengue foram notificados (Brasil, 2017b). A mídia, obviamente, divulgou primeiro a propagação de um dos sorotipos da dengue e, mais tarde, a dos outros três. Mais do que noticiar mortes ou números de infectados, a prioridade dos jornalistas, principalmente no rádio, que tem acesso expressivo a diversas camadas sociais, deveria ser a prevenção, e não o alarde. Mas, em geral, há pouco espaço para uma cobertura que explique a doença e instrua a população sobre como proceder para evitar o contágio. Esse tipo de campanha, infelizmente, é feito sempre em forma de propaganda paga pelos órgãos públicos. O jornalismo mostra-se mais interessado nos números e nos casos graves do que nas estratégias eficientes de comunicação sobre a doença.

Outra questão importante, no que diz respeito à necessidade de checagem da informação, ocorre no jornalismo policial. Números de mortos em acidentes e, principalmente, seus nomes têm de ser muito bem apurados. As informações não devem ser precipitadas e os nomes dos envolvidos precisam ser divulgados com parcimônia. Além disso, o repórter ou apresentador que transmite o fato nunca deve fazer juízos de valor ou tomar para si o papel de juiz.

> Além dos exemplos mencionados anteriormente, você deve observar ainda outros dez pontos que são cruciais para a construção de uma imagem idônea de uma emissora e de seus jornalistas:
>
> 1. Escolha imparcial das fontes;
> 2. Objetividade;
> 3. Isenção;
> 4. Interatividade honesta com as fontes e com a audiência;
> 5. Seleção das notícias de acordo com o interesse público;
> 6. Preservação da vida privada;
> 7. Originalidade;
> 8. Distância da publicidade;
> 9. Denúncia de pressões externas e internas;
> 10. Correção imediata em caso de falha.

A credibilidade reside, convém ressaltar, nos cuidados que se tomam com o que vai ao ar.

2.4
Cenário profissional atual

As redações exigem hoje um profissional multitarefa. No rádio, porém, o jornalista faz-tudo existe há muito tempo, principalmente nas emissoras menores, com redações necessariamente mais enxutas. Nesses casos, o mesmo repórter que vai para a rua fazer uma reportagem, no plantão de fim de semana, assume os controles técnicos e apresenta o radiojornal. Ele também produz sua própria pauta, grava e edita seu material. Sabe equalizar o áudio dos microfones do estúdio e operar o *software* que coloca a rádio no ar. Hoje, com a convergência de plataformas, ele precisa saber também sobre técnicas e linguagens aplicadas a outros meios.

A internet permite que diversos elementos sejam agregados a uma informação, como será abordado no Capítulo 6. Vídeos, textos, fotografias, infográficos e áudios podem, todos juntos, explicar um tema com profundidade e dinamismo. As grandes corporações empresariais que congregam emissoras de rádio, televisão, veículos impressos e portais na internet exigem profissionais que possam atuar em todas as frentes quando necessário. Se o profissional de rádio estiver cobrindo um evento importante, pode ser que a emissora de televisão do mesmo grupo lhe peça uma entrada ao vivo, por telefone, ou que o portal de notícias lhe solicite um vídeo. Aparelhos de telefone celular ajudam nessa tarefa, pois podem gravar áudios e vídeos de ótima qualidade e até mesmo fazer transmissões em tempo real. Assim, é fundamental estar capacitado para essas diferentes funções.

Impõe-se, com isso, uma reformulação na rotina dos jornalistas, que agora precisam atualizar suas habilidades e competências tanto no trabalho em veículos tradicionais quanto no desenvolvimento de novos produtos, utilizando diferentes níveis de empreendedorismo. Enquanto os grandes conglomerados de mídia têm reduzido seus quadros, a regionalização dos serviços de mídia tem mostrado bom desempenho, com abertura para empreendimentos voltados a notícias locais, mesmo nas grandes cidades. O rádio, por seu caráter local, beneficia-se com esse novo cenário, embora o mundo contemporâneo exija sempre uma relação entre os fluxos global e local. Até mesmo as grandes redes, que se espalham por diferentes praças, levando o formato da programação nacional, evidenciam que essa abertura ao regionalismo é um caminho importante, pois permite que culturas periféricas fortaleçam seus laços comunicativos.

Se antes o importante para um jornalista de rádio era ter uma boa voz, técnicas de construção de reportagens e habilidade para interagir com o público, hoje o fundamental é que ele entenda a técnica e a linguagem adequadas, além de trabalhar de forma ética, evidentemente. Isso requer facilidade de adaptação à constante evolução do meio. As mudanças na organização do fluxo informativo acompanham a história do rádio, já que as tecnologias desenvolvidas atuam de forma direta nessa dinâmica. A partir dos anos 1960 e 1970, quando se organizavam os departamentos de notícias, os jornalistas passaram a contar primeiro com gravadores de fita em rolo, depois com cassetes e *minidisks* (MDs), até chegarem a dispor de recursos digitais. Hoje, qualquer telefone celular possibilita a gravação de áudio em ótima qualidade. As emissões ao vivo de fora do estúdio também se tornaram possíveis primeiro com telefones fixos e unidades móveis e depois com os celulares. Isso permitiu dar mais agilidade à informação do rádio, emitindo-se a notícia do local onde ela acontece.

Perguntas & respostas

Qual é a diferença entre a gravação de áudio com fita e com um equipamento digital? Como isso altera a rotina do jornalista?

Alguns especialistas em música dizem que as gravações digitais são insuficientes na reprodução do som com precisão, porque não se consegue ouvir com perfeição todas as nuances dos instrumentos. Mas, na gravação da voz para o radiojornalismo, a gravação digital confere mais clareza e agilidade ao trabalho de edição. Antes era preciso um processo manual de voltar a fita, encontrar o ponto certo, cortar e colar. Hoje, com a ajuda dos *softwares* de edição, é muito fácil colar trechos sonoros, que podem agregar ainda efeitos sonoros.

....

Como observa Lopez (2010a), nos anos 1970, duas mudanças se apresentaram de forma fundamental para a produção da notícia no rádio: a partir desse momento, o jornalista passou a ser responsável por sua própria pesquisa; e o ouvinte, com a popularização do telefone, começou a interagir de forma mais atuante e síncrona. Já nos anos 1990, o jornalista passou a ser responsável pela edição do áudio das reportagens. Com isso, além de ter de desenvolver habilidades técnicas, precisava também refletir sobre as estratégias narrativas do material. Na década de 2000, esse profissional passou a coordenar ações multiplataformas. Enquanto apresenta o programa, também faz pesquisas e interage com a equipe de repórteres e o público. Portanto, a nova era tecnológica demanda uma posição atualizada dos profissionais e dos empresários do setor, que precisam acompanhar o ritmo dessa evolução não somente pelo viés tecnicista, mas também pelo viés humano, voltando-se para o novo perfil de seu público, sem descaracterizar o rádio como veículo.

Dessa posição compartilha também Meditsch (2001), que aposta no rádio como um meio que não só continuará existindo, como também será aperfeiçoado pelas novas tecnologias, sem deixar de ser o que é. O jornalista de rádio continuará, portanto, tendo a necessidade de dominar técnicas e linguagens para a redação de seus textos, para a produção de entrevistas e para a execução de seu papel social. Aliado a isso, terá de conhecer novas habilidades e ferramentas. Os meios de comunicação na internet, sem técnicas, sem credibilidade, sem conhecimento do meio, são apenas um brinquedo. Como adverte Fidalgo (2003), "para fazer o novo jornalismo, possibilitado pela internet, é preciso conhecer e dominar princípios, regras e práticas do velho jornalismo". Para esse autor, é necessário transpor para a nova mídia as formas tradicionais do jornalismo, e isso serve para o rádio, de modo que se possam explorar suas capacidades e potencialidades.

Algumas empresas jornalísticas, com base nesse cenário de convergência, viram a oportunidade de compor redações integradas. Isso proporciona estruturas múltiplas, dispostas em rede e não sob o modelo tradicional, verticalizado, de uma organização (Verweij, 2009, citado por Lopez, 2010b). Embora esse seja um aspecto positivo no que tange à questão hierárquica, que dá mais liberdade e poder de decisão a repórteres e editores, é necessário não deixar de lado uma questão fundamental: a importância das características do veículo *rádio*. Assim, o que define o rádio hipermidiático é a **narrativa sonora**, que pode até incorporar diferentes mídias, mas que não pode desviar-se de seu eixo principal. Nesse caso, os próprios meios agregados não têm necessidade de se apresentarem com a estrutura do meio original. Assim, um vídeo feito de forma a agregar informação no *site* da rádio não precisa contar com *off*, sonora e passagem, como ocorreria na televisão, por exemplo. A imagem será ilustrativa e complementar. Isso significa que o jornalista continuará sendo um profissional do rádio, mesmo em um ambiente multimídia. De acordo com Lopez (2010b), exige-se um profissional com habilidade para contar uma história com base em uma nova estrutura narrativa multimídia. Isso não significa que o jornalista deva conhecer com profundidade todas as técnicas, plataformas e estratégias narrativas. É preciso, porém, dominá-las a ponto de poder trabalhar de forma ágil com elas, sem se esquecer de que sua especialidade deve ser a narrativa sonora e de que deve primar por ela. Do contrário, pode tornar-se um profissional que faz de tudo um pouco, mas sem a devida qualidade em nenhum material. Preocupar-se com a apuração, a narrativa visual de um vídeo, o enquadramento de uma fotografia e ainda ter de trabalhar um texto para o rádio pode ser algo extremamente exaustivo.

Síntese

Neste capítulo, tratamos das políticas de comunicação aplicadas ao rádio e também da legislação que o regula. Ao longo do texto, você pôde observar de que forma os parâmetros são estabelecidos nas questões que envolvem os trâmites legais de concessão, bem como entender que são necessários para garantir a conduta ética dos proprietários de emissoras e sua responsabilidade social.

Destacamos ainda que o rádio é um prestador de serviços por excelência e que, por isso, precisa preservar sua conduta legal e trabalhar com seriedade a fim de construir e reforçar sua credibilidade.

Apresentamos também um panorama do cenário profissional, para levar até você uma visão atualizada sobre o novo perfil do veículo, que se reconfigura com as tecnologias contemporâneas.

Questões para revisão

1. A Lei n. 4.117/1962 estabelece que:
    I) As empresas de radiodifusão devem pertencer a brasileiros natos ou naturalizados há mais de dez anos.
    II) Trinta por cento do capital das empresas de radiodifusão pode ser proveniente de capital estrangeiro.
    III) Deputados e senadores não podem ser proprietários nem controladores de concessões.
    IV) A venda de espaços comerciais não pode ultrapassar 50% da programação das emissoras.

    As afirmativas corretas são:

    a) I, II, e III.
    b) I, III e IV.

c) II e IV.
d) I e IV.

2. Sobre a ética no radiojornalismo, analise as afirmativas a seguir:

   I) O "jabá" é algo comum nas emissoras. Esse termo define a pressão que o programador sofre para que selecione as músicas de determinados artistas. Porém, essa prática é também encontrada no departamento de jornalismo quando os profissionais recebem algo em troca para a divulgação de produtos ou eventos.

   II) Um trabalho jornalístico ético exige que o profissional apure profundamente um assunto antes de divulgá-lo. Contudo, na ânsia de conseguir um "furo de reportagem", muitos jornalistas acabam se precipitando ao antecipar uma informação sem a devida checagem.

   III) A escolha das fontes deve corresponder às recomendações da chefia da emissora. É preciso seguir sua linha editorial ainda que a seleção seja parcial e possa ir contra o interesse público.

   IV) A originalidade é questão-chave no rádio. Conseguir isso, na prática, é bastante difícil, em virtude do número reduzido de profissionais nas redações. Por essa razão, é possível ler notícias de outros veículos adaptando-se a linguagem e sem a necessidade de citar a fonte usada.

As afirmativas corretas são:

a) I e II.
b) I e III.
c) I e IV.
d) I, II e III.

3. Sobre a responsabilidade no radiojornalismo, assinale a alternativa **incorreta**:

a) Mesmo nas pequenas comunidades, a força do rádio não deve ser subestimada.
b) Evitar a dramatização dos fatos contribui para uma abordagem ética.
c) Não é preciso preservar a vida privada, visto que as pessoas gostam de exposição.
d) Devem-se selecionar as notícias conforme o interesse público.

4. O termo *"jabá"* é utilizado para designar a forma usada pelas gravadoras para inserir seus artistas na programação das rádios. Como isso funciona e de que forma poderá ser extinto?

5. Para Koçouski (2012), quais são os objetivos da comunicação pública e como eles podem ser aplicados ao rádio?

Capítulo
03

A informação no rádio

Conteúdos do capítulo:

- Características da notícia no rádio.
- Elementos da linguagem radiofônica.
- O departamento e a equipe de jornalismo.
- Pauta.
- Formatos do radiojornal.
- Roteiro.
- Técnicas de locução.

Neste capítulo, vamos apresentar uma abordagem prática. Nele você vai conhecer algumas técnicas necessárias para a cobertura jornalística em rádio: elementos importantes para uma linguagem ideal, para a escrita do texto e para a produção da pauta e do roteiro. Mas, antes, vamos examinar melhor o veículo e suas características principais: os tipos de programas jornalísticos produzidos e os elementos mais comuns encontrados no radiojornal. O objetivo é possibilitar que você aplique essas ferramentas da melhor forma na prática profissional.

3.1
Características da notícia no rádio

O radiojornalismo consegue aproveitar com excelência a característica mais marcante do veículo: seu **imediatismo**. Como pode ser operado por apenas uma pessoa, separada do ouvinte somente pelo microfone e por um transmissor, o rádio transmite as informações de forma rápida. Precisa de poucos recursos técnicos para atualizar um fato, como o microfone do estúdio ou o telefone do repórter na entrada ao vivo. Pode-se dizer que o rádio é o meio de comunicação mais eficaz para a transmissão de informação não somente por sua característica de instantaneidade e agilidade, mas também pela facilidade de acesso: desde o aparelho portátil, à pilha, ou do equipamento do carro até a transmissão via internet, não é difícil conseguir ouvi-lo. Uma pesquisa feita no Brasil poucos dias após o atentado contra o Papa João Paulo, em 1981, mostrou que 94% das pessoas tinham conhecimento do ocorrido e que 63% delas tinham recebido a notícia por meio do rádio (de forma direta, ao ouvir o rádio, ou indireta, por alguém que havia ouvido e passou a informação). Trinta e cinco por cento dos entrevistados souberam da notícia até duas horas e meia depois do acontecimento (Moreira; Bianco, 1991). Hoje, décadas depois, existem outros meios disponíveis, mas o rádio não perdeu essa característica e importância.

Além da capacidade de exposição dos fatos ou acontecimentos, o meio proporciona também a contextualização e a análise. Pode aprofundar as problemáticas cotidianas da sociedade de forma a colocar em discussão seus valores, promover reflexões sobre o encaminhamento das ações coletivas e buscar a compreensão dos fenômenos sociais. Tem, ainda, uma função pedagógica em sociedades pouco desenvolvidas, que se realiza no auxílio a serviços básicos, como educação e saúde, e também uma função informativa em sociedades mais desenvolvidas, ansiosas por acessar as notícias sem ter de deixar de fazer as tarefas cotidianas. Por isso, sua função social é extremamente relevante.

Com uma audiência tão diversificada, é preciso transmitir a informação em linguagem compreensível para que pessoas de perfis sociais diferentes não só compreendam essa informação, mas também dela façam uso em seu cotidiano. Por isso, o jornalismo de serviço é tão necessário, como observam Chantler e

Harris (1998). Segundo esses autores, algumas emissoras estão se concentrando nas "notícias que você pode usar" (Chantler; Harris, 1998, p. 64), como informações ou comunicados importantes sobre assuntos como saúde, habitação, educação e direitos do consumidor, em detrimento do noticiário tradicional. A proximidade, portanto, é fundamental para informar, educar e valorizar a cultura local. Além disso, muitas cidades de pequeno (e até médio) porte não possuem um portal de notícias ou canal de televisão e, às vezes, nem mesmo um jornal impresso. O rádio acaba se configurando, nessas situações, como a principal fonte informativa local.

Outra característica importante do rádio é sua capacidade de estimular a imaginação do ouvinte. Enquanto a televisão e as fotografias expõem os fatos de forma precisa, a narrativa em áudio possibilita que o ouvinte crie suas próprias imagens sobre os assuntos e os personagens envolvidos. Como descrevem Chantler e Harris (1998), as imagens são emocionais e não possuem limites, têm o tamanho que o ouvinte quiser. Além disso, trata-se de um meio bastante pessoal, já que o locutor fala diretamente para o ouvinte. É por isso que uma audiência frequente faz com que o ouvinte passe a considerar o locutor como um amigo. Nesse sentido, é importante observar que a emoção que a voz do locutor transmite é fundamental para o entendimento dos fatos que ele pretende comunicar. É nessa emoção que reside a proximidade com o ouvinte, no modo como as coisas são ditas.

3.2
Elementos da linguagem

O que caracteriza a linguagem do rádio é a **simplicidade**. É esse aspecto que possibilita o desenvolvimento de outras particularidades importantes desse meio, como o imediatismo, a facilidade de recepção e a versatilidade. Para Meditsch (1995), a simplicidade é determinada pelos objetivos do meio, mais do que por seu material. O som mostra-se como é: um material complexo, até mais do que a escrita. Segundo o autor, a palavra sonora agrega ao sistema digital da escrita um componente analógico que multiplica a possibilidade de produção de significados. Isso equivale a dizer que a simplicidade aparente acoberta a complexidade do produto sonoro final, composto pela associação de outros elementos, como efeitos sonoros, músicas e até mesmo o silêncio. Podem existir infinitas combinações, mas é a rotina de produção que delimita seu uso. Por isso, o texto não é tudo no rádio, é apenas o princípio da informação que vai ser complementada com outros elementos.

O rádio, como veículo móvel que é, pode fazer com que o ouvinte acompanhe a notícia e seus desdobramentos de onde quiser, sem a necessidade de manter a atenção visual que a televisão requer e sem a preocupação da leitura dos multiformatos de informação que a internet proporciona. É simples e acessível. Não é preciso usar as mãos para folhear a página nem os dedos para rolar o *site*. Não é preciso sequer saber ler para acessá-lo. Por outro lado, a atenção ao visual, desnecessária no rádio, precisa ser substituída por um atrativo sonoro para que o ouvinte tenha seu interesse despertado e não se distraia justamente por alguma percepção visual. Mas prender a atenção do ouvinte não é algo simples nem existe uma fórmula para isso, embora vários estudos apontem algumas pistas. Como observa Medistch (2007), a oscilação constante entre o ouvir (no nível pré-consciente) e o escutar (intencionado) exigiu que algumas técnicas fossem desenvolvidas com o objetivo de garantir a eficácia da comunicação sonora.

A palavra no rádio não é um texto, é a palavra imaginada, e ela acessa não somente imagens, mas também músicas, cheiros e memórias, despertando outros sentidos. É preciso, portanto, como ressalta Prado (1989), levar em consideração a **compreensibilidade** da mensagem informativa. Há muitos fatores de influência, como o vocabulário utilizado. Os códigos nele presentes precisam ser compreendidos por todos os receptores. Nesse sentido, a audiência tem papel fundamental e, por isso, o jornalista de rádio deve fazer com que a mensagem permita que o ouvinte passe do estado de escutar para o de ouvir e vice-versa, sem perder elementos de compreensão da mensagem.

Existem ainda outros fatores que interferem na linguagem desse meio, como a alta rotatividade dos ouvintes. O público se modifica a cada 15 minutos – uns ligam, outros desligam o rádio.

Nem sempre a pessoa que escuta parte de um programa acompanha o restante. O modelo *all news* é o que melhor supre a necessidade do ouvinte de informação factual, uma vez que as notícias são renovadas a cada período de meia hora, mais ou menos. Assim, se ele ouvir a emissora por 15 minutos, pode ter já uma ideia das notícias mais importantes, de modo semelhante ao que acontece com os portais de notícias, por exemplo, que renovam sua página inicial com os principais assuntos. Uma observação geral e já se pode saber das novidades, mesmo que não se consiga aprofundamento. A rotatividade da audiência obriga, portanto, que o jornalista seja redundante. Isso não significa ser repetitivo, o que repeliria a audiência. É preciso sempre lembrar o assunto de que se está falando em uma entrevista, por exemplo, citando o nome do convidado, ou retomar assuntos importantes sob novos pontos de vista. Fazer uma síntese noticiosa também ajuda a compreender os principais assuntos tratados durante a jornada ou programa.

Um excelente exemplo de como informações ouvidas pela metade podem ter repercussão vasta e, sobretudo, negativa, justamente por conta da obtenção das notícias sem a devida contextualização, foi o célebre caso do radiodrama *A guerra dos mundos*, de Orson Welles, transmitido em 30 de outubro de 1938 pela emissora norte-americana CBS. O programa, que narrava a invasão da terra por extraterrestres, provocou pânico, acidentes e até suicídios. Apresentado como uma "notícia em edição extraordinária", durou apenas uma hora, mas marcou a história do rádio, evidenciando seu poder de alcance e de persuasão. Welles se apresentou, no início da transmissão, como professor Pierson, astrônomo do Observatório de Princeton, declarando em forma de entrevista que estava em curso uma série de fenômenos em Marte. O texto da "entrevista" foi retirado do livro de ficção científica *A guerra dos mundos*, de 1898, de autoria do escritor britânico H. G. Wells. O tom da narrativa fez com que todos se convencessem de que se tratava de alguém digno de credibilidade. O personagem afirmou que havia discos voadores pousando em vários lugares dos Estados Unidos, e o programa contou até mesmo com um pronunciamento de um secretário do Interior fictício, que estaria falando diretamente de Washington, alertando o público para a gravidade da situação. Havia ainda reportagens, entrevistas com testemunhas que teriam presenciado o acontecimento, comentários de especialistas e muitos efeitos sonoros que davam mais credibilidade ao "formato jornalístico ao vivo" da peça. Segundo a CBS, cerca de 6 milhões de pessoas ouviram o programa, metade delas tendo sintonizado a emissora depois que o programa já havia começado, perdendo, portanto, a introdução que informava tratar-se de um radioteatro semanal. Ao menos três cidades – Nova Iorque, Newark e Nova Jersey – ficaram paralisadas, com trânsito caótico, linhas telefônicas congestionadas, fuga em massa e reações desesperadas dos moradores.

∴ **A importância do texto**

A aplicação dos elementos de linguagem necessários para a melhor compreensão da mensagem radiofônica é feita por meio do texto. E, se no passado o radiojornal era uma versão sonora dos jornais impressos, praticamente sem equipe de reportagem, hoje as emissoras buscam estruturar a redação para que a informação seja apurada e transmitida por seus jornalistas, sem a necessidade da chamada *"Gilette press"*.

Perguntas & respostas

O que é, como surgiu e como é usada a *"Gilette press"*?

A expressão *Gilette press* surgiu nos primeiros tempos do radiojornalismo para designar o ato de recortar notícias dos jornais impressos do dia para serem lidos ao microfone. Era uma primeira versão do que hoje chamados de "Ctrl C + Ctrl V", ou seja, copiar e colar uma informação. O texto do veículo impresso era lido sem nenhuma adaptação. Hoje, embora essa prática ainda exista em algumas emissoras, é mais comum que a notícia seja escrita pela equipe de jornalismo, com uma linguagem adequada ao meio. Se for preciso comentar a notícia do jornal, a melhor forma de fazê-lo é citando a fonte.

Muitos manuais de radiojornalismo atribuem a simplicidade do rádio à naturalidade da expressão do jornalista. Para Meditsch (1995), a eficiência está no domínio da linguagem falada, que deve ser espontânea e parecer natural. Para isso, é necessário aprender a utilizar a linguagem falada e também treinar a voz.

Enquanto no jornal impresso ou na revista o leitor pode reiniciar a leitura caso não tenha entendido bem o assunto ou tenha se distraído, no rádio é impossível voltar atrás para entender algo. Por isso, é muito importante que a comunicação seja clara e precisa. As frases devem ser bem construídas e os fatos precisam estar colocados em uma sequência lógica para que o ouvinte entenda o assunto rapidamente. Além disso, é necessário ter em mente que as pessoas comumente desempenham outras atividades enquanto ouvem o rádio. Isso significa que a atenção delas está sendo dividida no momento da audição, o que redobra a necessidade de **objetividade**. Rodeios e divagações podem tornar um assunto tedioso e facilmente desprender a atenção do ouvinte. É preciso tornar o assunto menos complexo, quando é o caso, e informar o necessário de maneira direta. A interpretação na leitura das notícias ajuda a manter o ouvinte conectado ao rádio, com algum entusiasmo, quando necessário. A dinâmica da leitura dos textos e a inserção de outros efeitos sonoros também contribuem para isso, o que explica a importância da sonoplastia.

O texto de rádio não é um texto formal, muito pelo contrário. Mas isso não significa que deva haver exagero nas gírias e na linguagem de registro popular. É possível utilizar palavras mais sofisticadas de vez em quando, desde que, no contexto geral, elas possam ser entendidas. O jornalismo tem também um caráter pedagógico e, nesse sentido, pode ser fonte de conhecimento da própria língua.

O rádio aguça o sentido auditivo e deve, portanto, ter um texto para ser lido como quem conversa com o ouvinte. Frases curtas e ideias bem concisas em casa frase ajudam nessa tarefa.

Como fazer

Abaixo, listamos algumas regras que ajudam a dar mais clareza aos textos destinados ao rádio.

Evite:
- Gerúndios.
- Adjetivos.
- Frases que possam ter duplo sentido.
- Apostos ou frases intercaladas: prefira a ordem direta.
- Iniciar o texto com *ontem*, pois isso envelhece a matéria.
- Iniciar o texto com uma palavra ou locução negativa, pois isso pode desinteressar o ouvinte.
- Gírias que tornem o texto vulgar.
- Clichês, vícios de linguagem.

- Rimas.
- Cacófatos ou cacofonias: encontro de sílabas de palavras diferentes que resultam em um sentido indesejável e, por vezes, desagradável, como: "amar ela", "por cada", "vez passada" etc.
- Aspas: só podem ser utilizadas para destacar títulos de livros, filmes etc. Esse sinal não tem a mesma função que exerce no texto impresso, que o emprega para indicar citação da fonte.
- Parênteses: utilizados apenas para escrever a pronúncia de uma palavra desconhecida ou em outro idioma.
- Pronome *cujo/cuja*.
- Frases no plural: é melhor usá-las sempre no singular, pois isso facilita a leitura e a compreensão.
- *Há* (do verbo *haver*), porque isso dificulta a leitura e a compreensão.
- Pronomes possessivos como *seu/sua, seus/suas*: lembre-se de que você está falando com o ouvinte e isso pode confundi-lo. Prefira *dele/dela, deles/delas*.
- *Além de, no entanto, contudo, embora, dessa maneira* etc.
- Pronomes demonstrativos: lembre-se de que o ouvinte não pode ver o que você indica com *este* ou *aquele*.

Use:
- Palavras simples.
- Ordem direta: sujeito + verbo + complemento.
- Pontuação correta.

- Sujeito sempre nomeado.
- Boa pronúncia do texto.
- Frases curtas, mas não telegráficas.
- Sonoridade: a frase deve soar bem aos ouvidos.

Números:
- Devem estar sempre escritos por extenso.
- Porcentagem: *doze por cento, meio por cento.*
- *Um milhão e meio de reais*, e não *R$ 1,5 milhão.*
- *Dois quilômetros e trezentos metros*, e não *2,3 Km.*
- Sempre que possível, arredonde os números.
- Converta, sempre que possível, moedas estrangeiras para valores em reais.
- Comparações são importantes para dar ideia de números. Por exemplo: número de campos de futebol para dar ideia de uma área florestal incendiada; o que seria possível comprar com o valor de um prejuízo.
- Horas: *uma da tarde*, e não *13 horas*; *meio-dia*, e não *12 horas.*

Outras dicas:
- Nomes complicados podem ser escritos como se pronunciam, para não confundir o locutor.
- Palavras que precisam de ênfase devem estar destacadas em negrito ou sublinhadas.
- Artigos não precisam ser suprimidos como no jornal impresso.

- Telefones, endereços, *sites* e outras informações que precisem de anotação devem ser repetidos para que o ouvinte tenha tempo de fazer a anotação.
- Prefira o presente do indicativo e o futuro composto – melhor *declara amanhã*, ou *vai declarar amanhã* do que *declarará amanhã*.
- Nomes estrangeiros que não são essenciais para a informação podem ser omitidos. Por exemplo: "O incêndio ocorreu em um hospital de uma cidade pequena da Síria, vizinha à capital".
- Siglas conhecidas não precisam ser desdobradas. Por exemplo: INSS, ONU.
- Para indicar que é uma pergunta, sinalize com (?) antes da frase.

3.3
O departamento e a equipe de jornalismo

Como ocorreu em outros veículos de comunicação, as redações de rádio passaram por uma grande transformação nas últimas duas décadas. Com a introdução dos sistemas informáticos, a rotina produtiva mudou, muitas funções foram modificadas e as redações ficaram mais enxutas. O jornalista precisa ser cada vez mais multitarefa. Mesmo tendo de trabalhar em diferentes posições, porém, a hierarquia existe e ordena as funções específicas de cada profissional.

A informatização dos processos jornalísticos também possibilitou maior agilidade na transmissão da informação. Desde a busca das fontes, que pode ser feita pelas redes sociais ou por *sites* institucionais, até a aproximação com elas por meio de aplicativos de mensagens instantâneas, *e-mails* e outros serviços de comunicação, tudo isso facilita a busca e a difusão dos fatos noticiosos. A integração entre o sistema operacional utilizado pelo repórter na redação do texto e pelo apresentador, diante da mesa de operações, permite a comunicação dos fatos apurados naquele momento, sem intermediários, sem a necessidade de papéis e sinais que indiquem a importância do assunto e a ênfase que se deve dar a ele.

Embora cada redação tenha sua composição própria, alguns cargos são comuns a todas. No Quadro 3.1, listamos, com base na delimitação proposta por Barbeiro e Lima (2001), as principais funções executadas na produção da notícia no radiojornalismo.

Quadro 3.1 – Principais funções executadas na produção da notícia no radiojornalismo

Direção	
Diretor de jornalismo	Responsável editorial da emissora, faz a ponte entre o departamento informativo e o comercial, de forma a orientar as abordagens editoriais.

(continua)

(Quadro 3.1 - continuação)

Coordenação	
Gerente de jornalismo	Jornalista experiente, subordinado ao diretor de jornalismo. Auxilia na tomada de decisões sobre as pautas a serem cumpridas e sobre o tempo de antena a ser dedicado a cada assunto, levando em consideração os valores da notícia; fixa e verifica o cumprimento da linha editorial do veículo; é responsável pelo estilo e pelo conteúdo veiculados; verifica possíveis falhas no noticiário, de forma a evitar problemas legais; eventualmente atende ao público.
Coordenador regional de jornalismo	Responsável por uma afiliada ou praça do canal.
Coordenador de esporte	Responsável pelo departamento de esportes.
Coordenador de rede	Responsável por todas as praças da emissora. É quem negocia as reportagens que serão exibidas pela rede.
Exibição	
Âncoras	Apresentadores dos noticiários. Eventualmente ocupam o cargo de editor-chefe e, por isso, participam de todo o processo de confecção do programa. Muitas vezes, são os âncoras que dão identidade ao radiojornal por sua voz, por suas expressões e até mesmo, quando há espaço, por suas opiniões e posicionamentos.
Locutores	Apresentam boletins informativos, programas de notícias, entrevistas e debates.

(Quadro 3.1 – continuação)

Produtores	Umas das tarefas mais importantes no rádio, principalmente nos programas emitidos ao vivo, a produção dá apoio aos âncoras e ajuda a organização do programa antes e durante sua realização. Entre suas tarefas estão: sugestão de assuntos; contato com entrevistados e, na sequência, orientação quanto ao assunto tratado e ao tempo disponível; organização de debates, caso haja essa possibilidade; produção de *briefings* para os apresentadores; auxílio na busca pela sonoplastia adequada; apoio na organização de entradas de repórteres etc.
Operador de áudio/mesa	Função muitas vezes ocupada pelo apresentador, é responsável pela emissão do programa de acordo com o roteiro. Recebe chamadas externas por telefone, equaliza os sons, insere áudios gravados e aciona os microfones no estúdio.
Edição	
Editor	Com o auxílio do técnico de edição, é o profissional que organiza sequências sonoras, intercaladas com o texto do repórter, de forma a construir uma reportagem. Também pode editar programas e, eventualmente, materiais promocionais e publicitários.
Sonoplasta	Responsável pelas sonorizações de reportagens e programas. Utiliza e edita efeitos sonoros e trilhas.
Informação	
Chefe de reportagem	Coordena o trabalho dos repórteres.

(Quadro 3.1 – conclusão)

Pauteiro	Profissional criativo e eclético, precisa estar atento aos acontecimentos para selecionar, entre tantos, os que podem render uma reportagem. Para isso, deve ter contatos e fontes de diversas áreas e estar constantemente atualizado.
Repórter	É quem transmite as informações por meio de levantamento feito com base em pesquisas e entrevistas, realizadas pessoalmente ou pela redação. Geralmente, mantém contato direto com suas fontes e presencia eventos importantes para a construção das reportagens, sejam elas transmitidas ao vivo, sejam gravadas.
Redator	Recebe informações de diversas fontes (repórteres, agências de notícias, assessorias de imprensa), faz a checagem e adapta o material à linguagem do rádio.
Correspondente nacional ou internacional	Jornalista responsável pela cobertura de notícias fora da cidade ou país em que está sediada a emissora. Pode fazer parte do quadro de colaboradores e ter entrada fixa ou participar eventualmente, quando surge um assunto urgente em sua área de abrangência.
Enviados especiais	São integrantes da equipe que se deslocam para fazer cobertura em outro local.
Radioescuta	Acompanha emissoras de rádio locais, nacionais e até internacionais em busca de informações. Também pode fazer a visualização de canais de televisão ou a verificação das notícias atualizadas na internet.

Fonte: Elaborado com base em Barbeiro; Lima, 2001.

3.4
Origem da informação no rádio

Todo jornalista tem suas fontes, acumuladas durante o tempo de atuação. Algumas são mais constantemente acessadas, outras fazem parte da agenda para eventuais contatos. Na sequência, identificamos as fontes mais frequentes de informação no rádio.

∴ Serviços de emergência

No passado, quando poucas pessoas tinham acesso ao telefone fixo, muitas mensagens eram transmitidas pelas emissoras de radiodifusão. A rádio era o meio, por exemplo, para mandar recados a um parente que morava longe. As notas de falecimento, os avisos dos hospitais, tudo era prestação de serviço radiofônico.

Para as rádios locais, os assuntos provenientes desses serviços são muito importantes ainda hoje. Assim, uma das primeiras coisas a serem feitas pelo produtor quando chega à emissora é fazer a "ronda", ou seja, ligar para os serviços de emergência (polícia, bombeiros etc.) para saber se algo aconteceu nas últimas horas. Com a facilidade proporcionada pelas mensagens instantâneas de celular, as próprias fontes dos órgãos de segurança pública tratam de informar os veículos. O WhatsApp e as mensagens para grupos de jornalistas têm se mostrado bastante eficientes para esse propósito, embora ainda prevaleça a necessidade de checagem das informações com outras fontes.

∴ Assessorias de imprensa

Todos os dias chegam aos meios de comunicação dezenas de *releases* com sugestões de pauta. Embora eles sejam uma excelente fonte de informação, é necessário checar os dados. Em geral, a assessoria tem como objetivo promover determinado assunto, afinal, ela existe justamente para colocar a empresa sob os holofotes da mídia. E, claro, isso deve ser feito de forma positiva, o que eventualmente implica relatar apenas um lado da história. Assim, o jornalista de rádio deve entrar em contato com o autor do texto e obter mais dados. Pode marcar uma entrevista com ele, mas deve atentar para a necessidade de que este seja apenas uma das várias fontes a serem ouvidas.

No caso de a fonte ser proveniente de órgãos públicos (Executivo, Legislativo, Judiciário), é preciso ficar atento, visto que, muitas vezes, os representantes dessas instituições pretendem promover ações que sequer existem efetivamente. A assessoria de uma secretaria de obras de determinada prefeitura, por exemplo, pode querer divulgar a assinatura da proposta de execução de um projeto de obra urbana mesmo que essa obra ainda tenha de passar por uma série de trâmites burocráticos e demore anos para ser efetivada. Porém, para o assessor, o importante é divulgar uma ação positiva, independentemente de sua viabilidade.

∴ Utilidade pública

Anunciar que uma parte da cidade vai ficar sem água porque a companhia de abastecimento hídrico vai promover obras de melhoramento é um exemplo de nota de utilidade pública. Contudo, esse tipo de notícia pode estar relacionado também a questões de saúde, como quando se inicia uma campanha de vacinação; ao transporte público, quando se noticia que algumas linhas de ônibus deixarão de funcionar; às condições das estradas; ao serviço funerário; e à previsão do tempo. É importante que o jornalista tenha em mente o quanto esse tipo de informação é importante, uma vez que dá ao ouvinte informações básicas que podem ajudá-lo em seu dia a dia.

∴ Ouvintes

Quando o repórter está na rua fazendo alguma cobertura, é comum que encontre populares ávidos por passar uma sugestão de pauta. Deve-se ouvir toda proposta, mas observar sempre o interesse público, já que, por desconhecerem a rotina jornalística, as pessoas podem sugerir pautas que solucionem apenas problemas pessoais, de interesse privado. Por outro lado, é possível que esse ouvinte seja o início de uma grande reportagem, para a qual ele será fonte importante. Por isso, não se devem subestimar sugestões de populares. De qualquer forma, é preciso sempre checar as denúncias feitas por ouvintes, ainda mais quando não se está cara a cara com ele. Esse é o caso das sugestões enviadas pelas redes sociais ou por telefone. Antes de divulgar o evento narrado, é preciso informar-se com órgãos competentes, fontes oficiais ou outros populares para ter certeza de que o fato está mesmo acontecendo.

Quando se trata de informações sobre condições do trânsito, por exemplo, é muito comum que as emissoras aceitem a ajuda dos motoristas que estão passando por problemas nas vias e enviam mensagens. Nesse caso, dada a impossibilidade de checagem rápida, o melhor é deixar claro que é o ouvinte quem está passando a informação e que ela será verificada.

Os próprios funcionários da emissora podem servir como colaboradores no processo da sugestão de pauta. E, como estes já conhecem o fazer jornalístico e as características do rádio, podem ser mais precisos em suas indicações. Além disso, muitas vezes eles estão em contato com trabalhadores de outros setores empresariais ou inseridos em sindicatos e outros órgãos trabalhistas, e podem sugerir temas interessantes ou pouco usuais.

∴ Outros veículos de comunicação

Outros meios de comunicação podem destacar um colaborador para fazer a chamada *radioescuta*. É possível que a concorrência divulgue um fato importante primeiro e que seja necessário checá-lo para então abrir os microfones e dar a notícia também. Mais do que repetir o que já foi disto, é indicado contar o fato sob outro prisma, buscar outras fontes. Além disso, as redações de rádio têm sempre ao menos um aparelho de televisão ligado em emissoras de notícia. Os jornais impressos e os *sites* de notícias também são muito importantes, mas, por vezes, acabam sendo usados em demasia sem a preocupação da checagem. Como observa Zuculoto (2007), embora a internet proporcione uma variedade de canais, nem sempre há pluralidade de discurso e veiculação de informação realmente pertinente aos ouvintes. Quando o discurso é simplesmente "passado para a frente" por veículos dependentes dos grandes portais e agências de notícias, os noticiários passam a não atender "às demandas da sociedade por informação democrática e plural. Um quadro que é consequência do modelo de comunicação da era que vivemos" (Zuculoto, 2007, p. 4).

O fluxo contínuo da internet, algo semelhante ao que ocorre com o rádio, é uma vantagem quando se busca informação, embora seja necessário ter consciência de que, para se diferenciar na internet, é preciso ir além. Realizar entrevistas e buscar novos dados é a chave para obter o desdobramento da notícia encontrada em ambiente virtual. Quando se opta por repassar a informação, é sempre imprescindível citar a fonte, até mesmo como precaução. Além disso, a linguagem utilizada nos veículos impressos e na internet é diferente da empregada no rádio e, às vezes, não existe a preocupação com a necessidade de se realizarem adaptações.

∴ *Sites*, aplicativos e redes sociais

Muitos *sites* e redes sociais ligados a órgãos públicos e privados disponibilizam informações sobre seus serviços em tempo real. É o caso das páginas de concessionárias que atuam nas rodovias do país com o monitoramento das condições das estradas. É possível saber sobre trechos de tráfego lento, obras e acidentes. O mesmo tipo de serviço é prestado por aplicativos como Waze ou Google Maps, também com informações das vias urbanas. A página da Infraero disponibiliza informações sobre a situação dos aeroportos, referentes a atrasos e cancelamentos de voos. Além disso, os serviços meteorológicos também podem ser acessados pelos *sites* dos sistemas regionais ou por seus aplicativos, que fornecem informações detalhadas. Essas ferramentas fazem parte do cotidiano dos jornalistas de rádio, principalmente dos apresentadores. Isso demonstra a importância da internet para a atualização de informações no rádio.

∴ Agências de notícias

Material proveniente de agências de notícias, em geral, chega em forma de texto; poucas delas trabalham com material sonoro. Porém, alguns órgãos, como a Pastoral da Criança e o Ministério da Saúde, disponibilizam materiais de utilidade pública em áudio que podem ser baixados do *site* e usados na programação. No caso da Pastoral da Criança, são produzidos e compartilhados, entre outros materiais, programas de quinze minutos, bem como *jingles*, entrevistas, *spots* e vinhetas. Esse tipo de produção tem a intenção de disponibilizar material informativo sobre saúde, cuidados pessoais e alimentação, gratuitamente, às rádios. Isso ocorre, primeiro, porque o rádio é o veículo que chega às comunidades mais carentes desse tipo de informação e, em segundo lugar, porque, diferentemente da televisão, ele abre espaço para esse tipo de material sem cobrar por isso, dada sua iniciativa de serviço público.

3.5
A pauta

Toda reportagem nasce na pauta. É nessa etapa do processo que uma simples ideia toma forma para resultar em um dos mais importantes e completos formatos do jornalismo. "Considerada uma narrativa que engloba, ao máximo, as diversas variáveis do acontecimento, a reportagem consegue ampliar o caráter minimalista do jornalismo e proporcionar aos ouvintes, leitores, telespectadores ou internautas uma noção mais aprofundada a respeito do fato narrado" (Barbosa Filho, 2003, p. 92). Mas, para que o trabalho do repórter possa ser bem executado, é importante que ele tenha em mãos, ao sair para a rua, todas as informações possíveis sobre o assunto e um roteiro de fontes. É aí que entra em cena o pauteiro, profissional que deve estar sempre bem informado, precisa ler diferentes jornais e revistas, navegar por *sites* de notícias, assistir à televisão e ouvir outras rádios. Porém, de nada adianta saber tudo o que acontece no mundo quando não se consegue observar a realidade mais imediata. Para uma boa pauta surgir, é preciso estar de olhos bem atentos a todos os acontecimentos que compõem o cotidiano da cidade. Conversar com as pessoas da comunidade na qual se está inserido é fundamental para saber quais são seus principais problemas e, com base nisso, tentar solucioná-los.

jornalismo é também ajudar a prevenir determinados fatos e, para isso, precisa atuar mais diretamente por meio de reportagens que falem sobre os problemas que não aconteceram, mas que correm o risco de ocorrer. Exemplo que já é bastante frequente refere-se à questão dos fogos de artifício no fim de cada ano. Várias reportagens mostram as formas seguras de manipulá-los e isso ajuda na prevenção de acidentes.

Com o assunto em mente, é na reunião de pauta que se discutem a pertinência, o direcionamento e a concretização da ideia. Embora seja dirigida a pauteiros, editores e aos cargos de chefia, dela também podem participar repórteres, apresentadores e outros jornalistas. Geralmente ocorrem no início dos turnos de trabalho. É preciso lembrar os temas semelhantes que já foram abordados e pensar na continuidade da cobertura que já está sendo feita. Os repórteres, que estão sempre na rua em contato com pessoas de diferentes universos sociais, geralmente trazem sugestões interessantes. Mas, no final da discussão, é o pauteiro, em conjunto com seus chefes, quem decide e consegue captar, entre os muitos assuntos do cotidiano, qual deles pode ser transformado em uma reportagem. Mais do que isso, ele deve criar algo novo, para fugir do factual e dos assuntos corriqueiros ou dar uma nova roupagem a eles.

Com o tema definido, o pauteiro redige a pauta, a qual pode ser **de rotina** ou **factual**, que trata de algo que esteja acontecendo naquele momento; **de comportamento**, que nem sempre está ligada a algo factual, mas a acontecimentos inusitados,

Uma boa reportagem pode tratar de algo muito comum: o diferencial deve ser sua abordagem. Há pautas que se repetem todos os anos: horário de verão que começa ou termina; movimento do comércio nos Dia das Mães, no Dia dos Pais, no Natal, no Dia Internacional da Mulher, nas datas festivas de cada cidade etc. O jornalista não pode deixar de falar delas, mas deve fazê-lo de um jeito diferente. Além disso, aquilo que parece trivial pode ganhar importância quando observado com outro olhar: aquele único alfaiate da cidade que ainda consegue sobreviver em meio a tantas lojas de roupas; a história dos artistas de rua; a única casa que resiste em meio a um mar de edifícios etc. É possível observar, também, a rotina dos problemas sociais cotidianos que parecem sem solução, de forma a lembrar a sociedade de que eles existem: arroios sem nenhum cuidado da prefeitura, que poluem e causam mau cheiro para os moradores do entorno; pessoas que vivem em situação de risco na rua; calçadas irregulares e que podem ser um perigo para transeuntes idosos ou deficientes; casas abandonadas que servem como ponto de comércio de drogas; depredação de bens públicos; enfim, pautas que estão em todo lugar e que, se divulgadas e discutidas pela mídia, podem resultar em mudanças para a comunidade.

É preciso considerar, ainda, o jornalismo preventivo, aquele que se antecipa aos problemas. Por exemplo, todos sabem as causas das enchentes que se repetem a cada ano, mas só se fala das formas de evitá-las quando elas acontecem. O papel do geralmente centrados em um personagem; ou **investigativa**, que demanda mais pesquisa e, portanto, mais tempo. Esta última pode demorar semanas ou até meses para ser concluída. Muitas vezes, ela chega ao pauteiro por meio de denúncias, que podem ser anônimas. Nesse caso, é preciso checar a informação e buscar fontes que possam falar sobre o assunto. Se confirmada a denúncia, inicia-se um exaustivo trabalho de investigação. Por isso, mesmo que o pauteiro tenha de fazer duas ou mais pautas factuais diárias, ele estará acompanhando esse assunto ao longo da jornada. Os passos para a construção da pauta, depois da seleção do assunto, estão descritos a seguir:

1. Apuração e coleta de dados

Para levantar as informações sobre o assunto é preciso recorrer a:

- pesquisas em *sites*, redes sociais e outros documentos *on-line* de institutos e organizações, governamentais ou não;
- pesquisas no arquivo da emissora para saber o que já foi feito sobre o assunto;
- pesquisas em arquivo público, que pode ter de ser feita pessoalmente;
- entrevista com pessoas e especialistas que estão diretamente ligados ao assunto.

2. Seleção das fontes

Em geral, os pauteiros contam com banco de fontes, que pode ser pessoal ou compartilhado com os demais profissionais da emissora. Então, quando se necessita de um advogado criminalista para uma entrevista, por exemplo, é só recorrer ao banco. É comum também o pedido de auxílio a assessores de imprensa, que, por contarem com clientes em diversas esferas, podem ter contatos interessantes.

Atualmente, uma forma de buscar fontes é recorrer às redes sociais. Muitos grupos e comunidades criados nesses ambientes podem divulgar informações interessantes, bem como personagens que ilustrem as histórias que se pretende contar. Se o pauteiro deseja abordar, por exemplo, questões de empreendedorismo feminino, pode encontrar nas redes sociais grupos que discutam esse assunto e mulheres que tiveram sucesso em suas empreitadas. A facilidade de contato é uma vantagem, já que pode ser feito por meio da mesma ferramenta.

3. Redação da pauta

É preciso levar em consideração que o pauteiro está escrevendo para outro jornalista, não para o público em geral, por isso pode usar uma linguagem informal. Porém, é importante que os dados estejam claros e que o roteiro de gravação esteja bem programado. Os itens que devem constar da pauta são:

> a) Proposta: ideia geral da cobertura, o ponto que interessa ao ouvinte, resumo do acontecimento. Caso seja uma suíte do assunto ou já tenha sido feita outra reportagem sobre o tema, o repórter deve ser informado para não apresentar o mesmo fato novamente.
> b) Dados: apuração feita pelo pauteiro sobre o assunto, com informações gerais.
> c) Roteiro com as fontes: nome e função dos entrevistados; data, local e horário de cada entrevista.

Alguns pauteiros incluem ainda um roteiro de perguntas básicas e anexam material adicional, quando necessário. Também é interessante buscar personagens que humanizem o assunto, que expliquem o todo por meio de um caso. Por exemplo, uma reportagem sobre os dez anos da implantação da Lei Maria da Penha pode ser feita tendo como fontes apenas especialistas, como advogados e delegados, que falem sobre sua importância, sobre os avanços que ainda precisam ser feitos etc. Mas, para ilustrar casos em que a lei tenha sido aplicada, é importante que se identifiquem fontes que contem suas histórias e mostrem a gravidade do assunto pelas vozes de quem passou por violência doméstica, por exemplo. A emoção do depoimento, além de humanizar a matéria, passa a credibilidade que esse tipo de assunto merece. Além de fontes que vivem ou viveram a problemática abordada, também é necessário ouvir profissionais da área jurídica e até mesmo psicólogos, sociólogos e outros especialistas que possam intervir e ajudar a entender com amplitude o assunto.

A pauta, quando entregue ao repórter, é o ponto inicial da matéria. No entanto, como aconselha Porchat (1993), não é preciso limitar-se a ela. O jornalista pode ampliá-la quando julgar que isso é importante, de modo a tornar a reportagem mais completa e atrativa para o ouvinte.

3.6
Formatos do radiojornal

O noticiário de rádio é composto por diferentes elementos, que apresentam formas bastante específicas de fornecer a informação. Entre os formatos informativos mais utilizados estão a entrevista, o debate, a nota e a reportagem. Já no campo do jornalismo opinativo, podemos encontrar comumente o comentário, a coluna, o editorial e a crônica.

∴ Entrevista

A entrevista é umas das formas mais comuns de informação no rádio, por ser atraente ao ouvinte e possibilitar a análise de fatos logo que eles acontecem. Pode ser realizada no estúdio, com a presença do entrevistado, ou por telefone. Quando a entrevista termina, é sempre necessário recordar ao ouvinte qual foi o assunto tratado e quem foi o entrevistado. Vale lembrar que alguém pode ter ligado o rádio no meio da conversa e que essa pessoa certamente gostaria de saber quem estava falando.

∴ Boletim ou entrada ao vivo

Os repórteres estão sempre na rua, atrás dos fatos mais importantes. Por isso, eles podem presenciar fatos que estejam acontecendo no momento e entrar ao vivo com mais informações. A entrada é, em geral, rápida e objetiva.

∴ Nota

A nota é o informe de um fato atual, transmitido pelo apresentador em frases diretas e com duração breve, em geral menos de um minuto.

∴ Reportagem

A reportagem é o produto do radiojornal, editado de forma a noticiar um fato com entrevistas, áudio ambiente e narração do repórter. Serve para contextualizar melhor um assunto e mostrar as várias perspectivas que um tema pode ter. Pode ser de dois tipos: emitida ao vivo ou gravada e editada para ser usada posteriormente.

1. **Reportagem emitida ao vivo**: depois de gravadas as entrevistas, o repórter seleciona os trechos mais importantes para serem utilizados enquanto ele narra o texto ao vivo do estúdio ou por telefone. Nesse caso, é preciso deixar as sonoras para que o apresentador, ou quem esteja nos controles técnicos, possa soltá-las. Geralmente, a reportagem é emitida ao vivo, porque não há tempo para editar ou porque se pretende comunicar os fatos da maneira mais atualizada possível. Assim, as sonoras podem ser as mesmas, mas o texto pode mudar ao longo da jornada, agregando informações de última hora.
2. **Reportagem editada**: assim como a reportagem emitida ao vivo, para a gravada é preciso selecionar os trechos das entrevistas a serem usados. A diferença é que, em vez de ler o texto ao vivo, o repórter o grava para posterior edição. Esse processo é realizado, em geral, com mais atenção aos detalhes, o que permite a utilização, por exemplo, de trilhas e efeitos sonoros.

∴ **Debate**

Durante um programa jornalístico, é raro que os apresentadores promovam um debate sobre assuntos factuais de economia e política, por exemplo. Porém, muitas vezes, os noticiários trazem, dentro da editoria de esportes, um rápido debate sobre a jornada, com pontos de vista de diferentes profissionais.

∴ Comentário

O comentário é um dos gêneros mais comuns no radiojornalismo brasileiro e tem como principal intenção apresentar a análise de uma informação.

Conforme Melo (1985), geralmente ocupa o cargo de comentarista o jornalista experiente, que observa os fatos com profundidade e além das aparências. Além disso, desenvolve condições para descobrir certas tramas e apresentá-las ao público. "É um analista que aprecia os fatos, estabelece conexões, sugere desdobramentos, mas procura manter, até onde é possível, um distanciamento das ocorrências" (Melo, 1985, p. 85). Muitas vezes, o comentário é proferido em seguida a uma notícia, de modo que possa contextualizar melhor o assunto.

É comum no rádio que vários assuntos, de diferentes editorias, sejam comentados pelos mesmos apresentadores de forma rápida. Já as análises aprofundadas são feitas por especialistas, que, quando têm um espaço fixo, são denominados *colunistas*.

∴ Coluna

Em um veículo impresso, a coluna é o espaço de diagramação vertical. É uma tendência, tanto nos meios eletrônicos quanto no jornalismo impresso, chamar de *coluna* toda seção fixa de opinião, como comentários e crônicas. Esse espaço é concedido a especialistas de diversas áreas, como política, economia e esporte. Porém, também é comum encontrar colunistas especializados em gastronomia, educação, psicologia, turismo, cultura, tecnologia, ecologia e outros assuntos. Esses profissionais ajudam a diversificar os temas e dão apoio ao caráter reflexivo que o rádio apresenta. A coluna pode ser ocupada também por críticos de arte, que analisam peças teatrais, exposições, filmes etc.

∴ Editorial

Enquanto o comentário é dedicado ao exame de assuntos de menor abrangência, embora importantes, o editorial centra-se nos fatos mais significativos e de maior repercussão. É a opinião oficial da empresa jornalística, por isso é apócrifo, ou seja, não é assinado por nenhum jornalista. No caso do rádio, a voz que narra o texto editorial não é, necessariamente, a de quem o escreveu e, muito menos, do profissional que dá sua opinião isolada sobre o assunto. Nesse veículo, o editorial aparece com mais frequência em momentos de agitação social, quando as emissoras sentem necessidade de assumir uma posição. O editorial é, portanto, a voz do veículo, que aconselha e dirige as opiniões da audiência (Beltrão, 1980). Assim, posiciona-se, tomando partido sobre o assunto de que trata.

∴ Crônica

A crônica tem como objetivo apresentar a interpretação de um tema por meio de argumentos lógicos, persuasivos e sugestivos, utilizando uma linguagem que mobilize e sensibilize a audiência. No caso do rádio, esse tipo de formato jornalístico não é muito comum, mas ainda sobrevive em algumas emissoras do interior e em emissoras educativas e comunitárias. Os assuntos cotidianos servem-lhe de fonte de inspiração: notícias factuais, fatos discutidos na comunidade, informações obtidas pelo próprio cronista e até mesmo emoções pessoais. Segundo Beltrão (1980), o tema pode ser tratado de forma analítica (fatos expostos com brevidade e objetividade), sentimental (com apelo à sensibilidade do leitor, utilizando-se aspectos líricos, pitorescos, emotivos) ou satírico-humorística (fazendo-se uma crítica em que se ridicularizam ou se ironizam fatos e personagens com o propósito de advertir ou entreter).

3.7
Os programas radiojornalísticos

Existem diferentes formatos de programas jornalísticos para rádio, que variam conforme o estilo da emissora e o tempo que ela disponibiliza para a informação dentro da grade. Na maioria das rádios musicais, a informação não é prioridade e, por isso, requer menos investimento em departamentos de notícias. Geralmente, os próprios locutores são os responsáveis por selecionar as informações. Já as rádios que investem em música, mas também em notícias, ou as que são integralmente dedicadas ao jornalismo utilizam diferentes estratégias e formatos. Entre eles, os mais comuns são o boletim, o programa de entrevista, o debate ou mesa-redonda e o radiojornal.

∴ Boletim

Algumas emissoras não dispõem de um departamento de radiojornalismo, mas precisam destinar um mínimo de 5% de seu tempo para a transmissão de serviço noticioso, conforme estipula a legislação. Por isso, em vez de um radiojornal, transmitem boletins informativos durante a programação musical. Em geral, esses programas contam com apenas um apresentador, duram poucos minutos e trazem informações factuais e de utilidade pública de abrangência local. Podem ter entradas ao vivo de repórteres e reportagens breves, já que não há tempo para aprofundar-se em apenas um tema.

∴ Programa de entrevistas

Os programas de entrevistas podem ser transmitidos ao vivo ou ser gravados. Esse tipo de programa tem o objetivo de aprofundar um tema por meio de uma conversa com especialistas ou protagonistas de um fato. Além de contar com um ou mais entrevistados, em geral ouvindo-se cada um à sua vez, pode também incluir entradas de repórteres ao vivo ou reportagens gravadas, além de abrir espaço à participação do ouvinte, por telefone ou por meio de mensagens. Porém, a maior parte da transmissão deve dedicar-se à entrevista. No caso de o programa ser editado, é possível excluir pequenos erros ou ajustar a duração das respostas, diminuindo seu tempo. Prado (1989) observa que a maioria das respostas tem duas fases diferentes: uma expositiva e uma redundante. Na primeira, o entrevistado fala dos dados de forma espontânea e geralmente desordenada. Na fase redundante, ele oferece a mesma informação, só que textualmente mais elaborada. Assim, pode-se retirar uma dessas fases na edição e tornar a conversa mais dinâmica. Para evitar o tempo de edição, que pode ser longo e dificultar a inserção do material em tempo ágil, o melhor é esforçar-se para gravar entrevistas que não precisem de retoques.

A entrevista deve seguir algumas regras. Deve-se, em primeiro lugar, fazer a apresentação do assunto e do convidado, logo no início do programa, destacando-se os aspectos mais importantes a serem abordados. Após isso, pode-se dar início às perguntas, que precisam ter uma lógica narrativa. Por essa razão, é necessário construir um guia de perguntas, embora o jornalista seja livre para realizar mudanças quando confrontado com respostas que instiguem mais perguntas. É importante que, de tempos em tempos, antes do final de cada bloco, por exemplo, repitam-se o nome do entrevistado e o assunto tratado para que as pessoas que vão se incorporando à transmissão possam se situar. No final do programa, esses dados devem ser novamente expostos.

Prado (1989) categoriza o programa de entrevistas em dois tipos: a entrevista de caráter e a entrevista "noticiosa".

> 1. **Entrevista de caráter**: tem como foco principal a personalidade que está se prenunciando e não tanto o assunto. As respostas importam mais pelo fato de ser ela a responder e não, necessariamente, pelo seu conteúdo. É preciso que o jornalista conheça muitos fatos da vida dessa pessoa, para que possa abordar diferentes

> assuntos e provocar reações importantes e até mesmo surpreendentes. Nesse tipo de programa, participam figuras importantes e conhecidas, como artistas, políticos e outras pessoas públicas que podem opinar sobre vários temas.
> 2. **Entrevista "noticiosa"**: ao prezar pela informação, esse tipo de entrevista tem seu eixo principal na notícia. O convidado é um analista do assunto e deve ser conduzido a refletir – e proporcionar essa reflexão ao público.

∴ Programa de debate ou mesa-redonda

Mediada por um apresentador, a mesa-redonda promove a discussão de um assunto específico por meio de diferentes pontos de vista. Dois ou mais convidados expõem suas ideias conforme organização prévia da produção, que delimita o tempo e a sequência de cada fala. Esse formato é geralmente apresentado ao vivo ou, se gravado, precisa ter a aparência de estar ao vivo. Os cortes, como observa Barbosa Filho (2003), dão um ar artificial à discussão e podem levar à perda de credibilidade.

O debate pode ser entendido como uma variação da mesa-redonda. É comum, durante campanhas eleitorais, que as emissoras promovam encontros entre os candidatos para o debate de propostas. O jornalista faz o papel de moderador, para que todas as vozes possam ser ouvidas e não haja intervenções que prejudiquem a lógica de raciocínio dos convidados e provoquem dispersões.

O programa deve ser iniciado com uma introdução, ainda que breve, sobre o tema. Depois, é preciso identificar os participantes e justificar sua presença, o que pode ser feito simplesmente pela informação do cargo que a pessoa ocupa. A primeira rodada de intervenções deve ser de exposição/contextualização do tema pelos participantes. A partir disso, pode-se propor um primeiro turno de discussões com mediação mais rígida, seguido de exposições livres, dando-se a palavra a quem seja necessário. Do moderador depende a fluidez do debate, de forma que nenhum convidado monopolize o microfone e que não se desvie a atenção do assunto proposto. Assim como no programa de entrevistas, pode haver participação do público via mensagens instantâneas ou redes sociais, tanto para o envio de questões quanto para observações sobre os discursos proferidos.

∴ Radiojornal

Muitas emissoras, principalmente no interior do país, ainda usam a expressão *jornal falado*, surgida nos anos 1930, para denominar seus informativos. Contudo, essa expressão é do tempo em que os locutores apenas liam no rádio as notícias dos jornais impressos, sem nenhum tipo de adaptação de sua linguagem. Hoje, além de produzirem os próprios materiais informativos, as emissoras têm uma abrangência noticiosa ampla, em virtude das possibilidades criadas pela internet. Podem levantar informações de regiões afastadas geograficamente, buscar fontes e fazer entrevistas com pessoas que estejam distantes. Geralmente, o radiojornal é apresentado por dois jornalistas, podendo um deles ser também o operador da mesa de áudio que controla a entrada de vinhetas, inserções musicais, repórteres ao vivo ou materiais gravados. É muito comum, atualmente, que todos os radiojornalistas saibam realizar essa tarefa técnica, uma vez que, na divisão dos plantões de fim de semana, até mesmo os repórteres podem comandar os boletins e os radiojornais.

Uma das características do radiojornal é que, além de se divulgarem notícias de última hora, também se aproveitam matérias menos "quentes" transmitidas nos radiojornais ou boletins anteriores e se aprofundam assuntos de interesse público.

É preciso levar em conta também o horário do informativo, já que, pela manhã, geralmente, esse é o primeiro veículo de informação das pessoas. Por isso, é importante que as informações de última hora sejam registradas, mas também é preciso que haja uma análise das notícias do dia anterior que continuam repercutindo e se desdobrando. Os noticiários vespertinos e noturnos, por sua vez, devem levar em consideração que o ouvinte já acessou muitas informações durante o dia e, nesse período, ouve o rádio para se atualizar, assim como para se informar de assuntos menos factuais que podem ser abordados com mais profundidade.

A distribuição dos assuntos em um radiojornal varia conforme a emissora, mas, de maneira geral, obedece à lógica da pirâmide invertida: cada bloco inicia com o assunto principal, seguido dos de menor repercussão. Ferraretto (2014) classifica os radiojornais com base em quatro formas de edição: por zonas geográficas (notícias agrupadas em locais, nacionais e internacionais), com divisão por editorias (quando há infraestrutura para cobertura por divisão de editorias), por similaridade de assuntos (quando não é possível contar com notícias de variadas zonas geográficas nem com cobertura por editorias, prática comum nas emissoras menores, que transmitem notícias locais) e em fluxo de informação (programação em módulos, geralmente de 30 minutos, nos quais se recuperam notícias dadas anteriormente e se atualizam as novas informações).

O radiojornal pode variar também conforme seus condutores. Os apresentadores, em geral, chamam os repórteres que apresentam as notícias, enquanto os âncoras, ao mesmo tempo que convocam a participação do repórter, também opinam sobre as notícias de forma a interagir com eles, com os entrevistados e com o ouvinte (Ferraretto, 2014).

Outra função importante é a do produtor, figura essencial para o bom andamento de qualquer programa de rádio. É ele quem planeja e executa as etapas – desde a seleção dos assuntos até o agendamento dos convidados e sua recepção na emissora –, organiza a entrada dos repórteres e colunistas, além de auxiliar no uso da sonoplastia, se for o caso.

3.8
Roteiro

Todo programa radiofônico exige um planejamento. O roteiro é o guia que contém informações que auxiliam na produção do conteúdo sonoro gravado. Anteriormente chamado de *script*, serve como direcionamento tanto para esquematizar uma reportagem ou notas simples quanto para organizar um radiojornal ou boletim. Utilizam o roteiro o repórter/apresentador, que vai gravar a locução, e os sonoplastas e operadores de áudio. Por isso, alguns pormenores precisam estar indicados para que todos esses profissionais saibam "ler" o guia e realizar a edição conforme o planejado. Em geral, o roteiro é dividido em duas colunas: à esquerda, ficam as informações técnicas e, à direita, o texto. No caso de ser feito em uma coluna, é necessário que haja a diferenciação entre a parte técnica e o texto com letras em caixa-alta e caixa-baixa.

Quando o programa é gravado, o roteiro é utilizado pelo editor e pelo operador técnico na união das diferentes peças: entrevistas, texto do repórter, efeitos e trilhas. Para facilitar esse trabalho, é aconselhável decupar o material sonoro, transcrevendo-se as entrevistas e os sons ambientes que se pretende utilizar com sua respectiva minutagem. A edição deve seguir um fluxo narrativo para ser compreensível, e os depoimentos devem ser conservados o máximo possível para não perderem o sentido original da fala. É um processo de lapidação no qual tudo o que é supérfluo deve ser extraído.

Algumas indicações técnicas são importantes e devem constar no roteiro, conforme sugere Ferraretto (2014):

- **Sonoras ou arquivos gravados** (reportagens, notas, entrevistas): devem especificar o tempo e o nome do arquivo, as deixas inicial (DI) e final (DF) e, se for o caso, o ponto da gravação com indicação da minutagem, para que o operador possa encontrar os pontos inicial e final.
- **Vinheta, trilha, efeito sonoro, áudio ambiente**: também devem ter a indicação do nome do arquivo, do tempo e da forma de passagem (emenda, fundo etc.).

> Com relação às trilhas, é importante a indicação do volume e do tempo de finalização:
>
> - Sobe: volume da trilha aumenta.
> - Desce: volume da trilha diminui.
> - Vai a BG[1]: volume de som diminui e fica como fundo musical para a voz.
> - Corta: som para de ser emitido.

Esses elementos devem seguir o estilo e a identidade do programa ou reportagem e o tempo estipulado.

Em programas transmitidos ao vivo, principalmente nas emissoras especializadas em notícias, não é utilizado um roteiro, e sim um espelho ou esqueleto, que guia apresentadores e operadores de áudio na execução do que é esboçado como planejamento. Desenha-se uma previsão do que deve entrar em cada bloco, como entrevistas ao vivo e entradas dos repórteres. Quase sempre o programa vai se desenhando enquanto se desenvolve, já que materiais mais importantes podem, de última hora, ocupar o lugar de outros, uma entrevista pode ser desmarcada, um

---

1 Abreviatura do termo em inglês *background*, que significa "segundo plano" ou "fundo", neste caso em referência ao som ou música de fundo.

repórter pode não conseguir entrar ao vivo por problemas técnicos etc.

No caso de debates ou entrevistas mediadas pelos apresentadores, é preparado pelo produtor um pequeno *briefing* sobre o assunto, como uma pauta, para que os jornalistas sentados em frente ao microfone se informem sobre o tema. Pode-se incluir também um guia de perguntas.

O uso de trilhas e efeitos sonoros, e até mesmo do silêncio, é fundamental para provocar no ouvinte algum tipo de emoção: surpresa, tristeza, horror, espanto, atenção, medo, alegria etc. Além de servirem como elementos de pontuação na narrativa, esses recursos também oferecem possibilidades para que o ouvinte crie suas próprias paisagens sonoras.

Quadro 3.2 – Tipos de inserções sonoras

Tipo	Descrição
Ilustrações ou sonoras	Trechos de depoimentos, discursos, entrevistas ou outras manifestações, como riso e choro.
Trilhas	Conteúdo musical que pode ser classificado em: característica (música que identifica um programa no início e no fim de cada bloco ou de cada transmissão); cortina (trecho que identifica ou separa o programa a partir de determinado momento, como na entrada de um quadro ou comentário); e fundo musical (chamado também de *background* (BG), é geralmente instrumental e serve como fundo para o texto lido pelo locutor).

(continua)

(Quadro 3.2 – conclusão)

Tipo	Descrição
Efeitos sonoros	Sons reais, como o latido de um cachorro, ou abstratos, como o "tóimmm" para ilustrar o erro de alguém. Partes de gravações podem ser feitas nos locais dos acontecimentos e são chamadas *cuts*, *clips* ou *soundbites*, usadas para "ilustrar". Os gritos de manifestantes ou o som de bombas e tiros, por exemplo, podem proporcionar uma sensação mais real sobre o que se passa ou passou no local.
Vinhetas	Usadas de forma semelhante à que se aplica à cortina ou à característica, porém com a diferença de associar texto ou efeitos sonoros à música. Podem identificar um locutor, um programa, um patrocinador etc.
Passagens	Entre as colagens de som é possível inserir três tipos diferentes de efeitos: corte com emenda (finaliza um som para começar outro); fusão (o som original vai diminuindo e o seguinte vai surgindo); e sobreposição (dois sons colocados ao mesmo tempo, como a voz do repórter e a trilha sonora por baixo).

Fonte: Elaborado com base em Ferraretto, 2014.

3.9
Técnicas de locução

É preciso sempre ter em mente a questão da clareza no rádio. Segundo Prado (1989), esse atributo tem duas facetas importantes: a clareza técnica e a enunciativa. Enquanto a técnica possibilita uma transmissão adequada, sem ruídos e com uma combinação harmoniosa dos sons, a enunciativa diz respeito a aspectos da redação e da locução. Esses dois elementos devem ser indissociáveis, o que contribui para a **autenticidade da expressão**. Por isso, é importante que a redação passe antes pela leitura do locutor, que dará ao texto a sua "cara".

O texto deve ser falado de forma dialogada, e não lido de forma mecânica. Deve-se imprimir a personalidade do locutor. Quem senta em frente ao microfone deve tomar para si a responsabilidade de explicar o que lê para um público heterogêneo. Não é preciso empostar a voz, mas utilizá-la de forma que o som saia claro. O ritmo deve ser equilibrado, sem ser apressado ou lento demais. Quando é muito rápido, confunde o ouvinte, que perde as informações e não suporta estar atento por muito tempo. Mas um ritmo vagaroso também surte efeitos negativos, como o desinteresse.

Quanto mais natural for a locução, melhor. Mas isso não significa uma linguagem popularesca, com gírias, erros e constantes equívocos, muito menos uma atitude doutrinadora, como a de alguém que fala em um tribunal. O segredo é, primeiro, ler o texto em voz alta antes de ir para o ar. Porchat (1993) sugere ainda que, antes de iniciar a locução, pode ser necessário fazer anotações para destacar palavras ou pontuar o texto escrito por outro profissional. Isso permite que as palavras e expressões que dificultam o texto possam ser alteradas.

Para fazer uma boa locução, é preciso ver com antecedência se há trechos irônicos, tristes ou bem-humorados que exijam interpretação. Depois, quando estiver em frente ao microfone, o locutor deve se posicionar a um palmo dele. Isso evita aqueles "pufs" do som que aparecem quando se está muito próximo e se pronunciam palavras que contêm sílabas formadas pelas consoantes plosivas *p* e *b*, como *porco* e *bolo*. Além disso, é necessário virar as páginas de forma cuidadosa para evitar ruídos desnecessários. Também é importante articular claramente todas as palavras, utilizando-se a forma correta do idioma, sem formalidades, mas de maneira polida.

Perguntas & respostas

Como calcular o tempo de leitura de um texto?

Atualmente existem programas informáticos específicos para a redação em rádio, que indicam o tempo de leitura enquanto se digita o texto. Mas também é possível fazer uma contagem aproximada da seguinte forma: a cada linha com 72 toques ou caracteres, estima-se uma leitura de 5 segundos. Assim, 12 linhas seriam necessárias para 1 minuto de texto lido.

Como fazer

Para uma boa locução é preciso estar atento a quatro variáveis categorizadas por Prado (1989): vocalização, entonação, ritmo e atitude. Nós acrescentamos às categorias propostas por esse autor algumas dicas de como exercitar a voz para obter melhores resultados em cada uma delas.

1. **Vocalização**: pronuncie de forma clara todas as sílabas das palavras, atribuindo a cada fonema o som exato. Isso exige uma boa articulação na hora de falar, com movimentos bucais que facilitem a locução. A princípio, isso pode parecer difícil e talvez você precise fazer "caretas" para aprender a articular bem as palavras, mas, com o tempo, torna-se natural a forma clara de falar. Existem muitos exercícios que ajudam nesse processo; um deles é colocar uma caneta em meio aos dentes, em posição perpendicular aos lábios, e ler o texto em voz alta. É preciso realizá-lo de forma constante para melhorar a expressão vocal.
2. **Entonação**: quando aprender que deve dizer as coisas e não lê-las, você automaticamente vai encontrar a entonação certa para as palavras que profere. É o mesmo que se faz na expressão oral cotidiana, renovando-se o ar dos pulmões nos momentos necessários, sem jamais esgotá-los de todo, como acontece na leitura. Isso não significa dramatizar o

texto, mas tratá-lo de forma natural, como em uma conversação. Antes de gravar o texto ou de entrar ao vivo, leia o texto com particular atenção às palavras que você precisa destacar em sua interpretação. Sublinhe as palavras que devem ser valorizadas. Para ser convincente, é necessário acreditar no que se lê e assimilar o texto. Isso só é possível mediante uma leitura antecipada. Quando o texto tem uma conotação positiva, a leitura deve ser alegre; quando for mais tenso, deve ter uma entonação mais séria.

3. **Ritmo**: você deve alternar momentos de ritmo lento e mais rápido, para que não haja monotonia na locução. Preste atenção ao ritmo das falas quando conversar com alguém. Você notará que sempre articulamos as ideias em velocidades diferentes, porque a narrativa vai surgindo em nossa mente num fluxo constante, conforme os estímulos que recebemos. Esse é o ritmo ideal para o rádio. A respiração ajuda muito a encontrar o compasso certo. De acordo com o ritmo do texto, você vai precisar de mais ar em alguns momentos para realizar a leitura e de menos fôlego em outras passagens do texto lido. Para dosar o ar, uma técnica eficaz é respirar pelo nariz, dilatando o diafragma para baixo e sentindo a barriga encher-se de ar. A parte superior do pulmão também será inflada, mas de forma correta. Agindo dessa forma, você terá bastante ar nos pulmões para ser gasto durante a narração e poderá dosar melhor a quantidade de ar inspirado.

4. **Atitude**: dela depende, em grande parte, a posição do ouvinte diante do tema apresentado. A expressão deve ser amigável, mas sem infantilidades, demasiada alegria ou muita secura. Leia o texto sempre com o papel em sua frente e não com ele sobre a mesa. Isso faz com que você tenha de olhar para cima, e essa posição traz mais segurança na leitura. Quando olhamos para baixo, o som da voz fica abafado e nossa atitude corporal também fica comprometida. Lembre-se de se posicionar a uma distância confortável do microfone para evitar ruídos.

Na locução esportiva, em particular, é preciso que esses elementos – vocalização, entonação, ritmo e atitude – sejam ainda mais apurados. É necessário ter uma voz que consiga aguentar o ritmo de uma jornada esportiva ou de uma partida inteira. Também se exige do locutor que narre as jogadas com precisão e rapidez, sem perder de vista os detalhes, contando ao ouvinte por onde a bola passa, o domínio dos jogadores sobre ela etc. A localização de cada atleta enquanto tem a posse da bola e dos que esperam pelo passe deve ser descrita com atenção e entusiamo. É muito importante também fazer a narração com imparcialidade, mas sem esquecer-se de transmitir ao ouvinte os sentimentos que o jogo desperta. Silêncio não pode existir:

se o locutor parar de falar, ainda mais com o ritmo acelerado da partida, o ouvinte vai ficar, no mínimo, ansioso. Caso haja qualquer problema, é melhor chamar o repórter em campo ou o comentarista para dar um tempo na narração. Por fim, vale lembrar: o gol é o momento mais importante do jogo. Quando ele ocorre, deve-se expressar animação para contagiar o ouvinte.

Síntese

Este capítulo foi dedicado às diferentes técnicas de produção jornalística no rádio. Ao longo dele, você aprendeu sobre as características de produção do veículo e certamente percebeu como influenciam a maneira como se produz a informação. Você viu também que a linguagem utilizada é muito importante para aproveitar melhor todos esses aspectos.

    A hierarquia no departamento de jornalismo e as fontes da informação, bem como os formatos de programas, também foram temas abordados para que você pudesse compreender como e por quem a notícia é construída.

    Por fim, apresentamos dicas de locução, para ajudá-lo a ter uma noção preliminar sobre a melhor forma de utilizar a voz no rádio.

Questões para revisão

1. (Enade – 2009) O rádio utiliza imagem. Uma fotografia pode ser lida como um texto. A linguagem e expressão em som e imagem têm paralelos com outras formas de comunicação.

   PORQUE

   O rádio obriga o ouvinte do noticiário a imaginar cenas e situações que passam pela nossa cabeça como um filme ou uma cena de televisão. A fotografia, em jornal ou revista, é lida de diversas formas, dependendo da profissão, do nível de cultura e do próprio tempo e ambiente em que vive o leitor daquelas publicações.

   Considerando-se essas assertivas, é CORRETO afirmar que:

   a) a primeira é falsa, e a segunda é verdadeira.
   b) a primeira é verdadeira, e a segunda é falsa.
   c) as duas são falsas.
   d) as duas são verdadeiras, e a segunda justifica a primeira.
   e) as duas são verdadeiras, e a segunda não justifica a primeira.

2. (UFRN – Concurso Público – 2004) *Script*, também conhecido como roteiro de programa, é um suporte de produção que pode ser descrito da seguinte forma:

a) texto que indica o nome do cantor, do compositor e da gravadora das músicas tocadas, para deixar o ouvinte bem informado.

b) texto que se destina à equipe de produção do programa de rádio no sentido de orientar os ouvintes sobre o formato apresentado.

c) texto que enfatiza as manchetes dos programas jornalísticos para rádio.

d) texto que indica previamente o desenvolvimento de um programa de rádio e que orienta locutores e sonoplastas.

3. (UFRJ – Concurso Público Ténico-Administrativo – 2010) Expressões como "nunca gostou", "conforme já", "vem sendo", "por cada" devem ser evitadas no texto radiofônico porque são exemplos de

a) aliteração.

b) hipérbole.

c) cacofonia.

d) onomatopeia.

e) eufemismo.

4. (UFRN – Concurso Público – 2004) "A sonoplastia é fundamental para a elaboração de um programa radiofônico. É necessário saber que diferentes tipos de sons provocam efeitos diversos sobre a sensorialidade do ouvinte.

[...] Assim, a música e os efeitos exploram a sugestão, criando imagens na mente do ouvinte".

in: FERRARETTO, Luiz Artur. **Rádio**: o veículo, a história e a técnica. Porto Alegre: Editora Sagra Luzzatto, 2000.

Com base no fragmento textual acima, descreva os tipos, as funções e as formas de passagens entre inserções sonoras musicais.

5. Com base no fragmento textual a seguir, explique a evolução tecnológica pela qual o rádio tem passado.

Todas as emissoras de rádio contam com diferentes sistemas de gravação para guardar entrevistas, reportagens e o material já transmitido. Estações mais antigas usam equipamentos analógicos como cartuchos e gravadores de rolo. Mas está se tornando cada vez mais comum o uso de equipamentos digitais, onde os sons são gravados diretamente no disco rígido do computador. Lá eles podem ser editados, guardados, transmitidos e arquivados. (Chantler; Harris, 1998, p. 83)

Capítulo
04

Estilos de produtos radiofônicos

Conteúdos do capítulo:

- Radiojornalismo ao vivo.
- Radiojornalismo cultural.
- Radiojornalismo esportivo.
- Audiorreportagem.
- Audiodocumentário.

Alguns produtos radiofônicos têm um estilo de produção próprio e um público-alvo definido. Neste capítulo, trataremos do radiojornalismo esportivo e do radiojornalismo cultural, duas importantes temáticas contempladas por esse veículo de comunicação. Além disso, abordaremos uma das características técnicas mais importantes do rádio: a transmissão ao vivo e os programas veiculados em tempo real. O objetivo é evidenciar as especificidades desses formatos. Também estarão entre os temas analisados a audiorreportagem e o audiodocumentário, pois são produtos que têm assumido uma nova dimensão com a difusão dos serviços em áudio pela internet.

4.1
Radiojornalismo ao vivo

O rádio é um veículo feito essencialmente ao vivo. É desse modo de transmissão que provêm suas principais características: energia, instantaneidade, atualidade e espontaneidade. É nele que o jornalista mostra todo o seu conhecimento e sua "ginga" ao comandar um programa transmitido em tempo real. Faz parte desse processo o improviso. Para o jornalista que está no estúdio, isso pode ser um pouco mais fácil porque ele pode organizar melhor suas falas, ordená-las antes de entrar no ar, sem se preocupar tanto com imprevistos. Já o repórter que está na rua precisa de mais "jogo de cintura", pois está trabalhando em público, em locais nos quais circulam outras pessoas, seja em eventos previamente programados, seja na cobertura de acontecimentos de última hora. Em geral, nesses locais há graus variados de aglomeração e ruídos, o que pode dificultar a transmissão.

A capacidade de improvisar pode ser adquirida com treino e é obtida com o tempo de profissão, como observa Porchat (1993). Mas, enquanto isso não acontece, é preciso o apoio do texto escrito para evitar a ocorrência de erros no ar.

Os programas ou as entradas ao vivo devem ser planejados, claro. Porém, existem casos em que não há tempo hábil para compor um *script*, como nas coberturas de acontecimentos urgentes importantes. A queda de um avião ou um desastre natural são eventos imprevistos, cuja cobertura precisa de uma equipe organizada para ser feita em pouco tempo. O rádio tem a vantagem – diferentemente da televisão, cuja programação é mais rígida por conta de questões publicitárias – de poder interromper sua grade para que um repórter possa entrar ao vivo de qualquer lugar do mundo onde haja uma conexão telefônica. Nesse caso, o planejamento do programa – e das entradas de repórteres e entrevistados – será realizado à medida que ele for transmitido. Para manter a cobertura do assunto, mesmo quando não há novas informações, é comum que se recorra a comentaristas e analistas. No caso, por exemplo, de acidentes aéreos, geralmente são entrevistados especialistas em aviação para especular as prováveis causas. O problema é quando as notícias – em razão da ânsia por sair na frente e conseguir o chamado "furo" de reportagem – são transmitidas sem checagem e sem a devida apuração. Quando a cobertura é feita sem o acesso integral ao local ou aos fatos e sem a possibilidade de ouvir todos os lados, ocorrem desencontros nas informações e isso pode ser bastante negativo. Exemplo dessa situação foi o famoso caso da Escola Base, que ocorreu em 1994. Os proprietários do estabelecimento de ensino básico foram acusados de abuso sexual de alunos de 4 anos de idade, e a imprensa, levada pelo sensacionalismo e pelo anseio de espetáculo, sentenciou a culpa do casal proprietário da escola. Nada foi juridicamente provado contra eles, e o caso tornou-se emblemático no que diz respeito à responsabilidade que a mídia deve ter sobre os fatos que noticia.

Além disso, é necessário evitar a dramatização dos fatos que, por si sós, em momentos como esses, já são bastante dramáticos. Uma cobertura objetiva auxilia a transmissão de informações realmente úteis. Explorar a tristeza da família que perdeu um parente, por exemplo, não acrescenta nada ao conteúdo informativo. Por isso, é preciso pensar muitas vezes antes de entrevistar a mãe que acabou de perder um filho somente para saber como ela está se sentindo.

O radiojornalismo ao vivo demanda especial cuidado quando a programação utiliza a "linha aberta", ou seja, a participação de ouvintes e/ou entrevistados por telefone. No caso dos entrevistados, seguem-se as regras listadas anteriormente, com a única diferença de que, como não se está ao lado do entrevistado, não é possível, por exemplo, fazer sinais que indiquem que o tempo está se esgotando ou que é preciso cortar para outra pergunta. Por telefone, a preparação do entrevistado pelo jornalista deve ser ainda melhor, com informações sobre o tempo da entrevista e seu direcionamento. Já a participação dos ouvintes por telefone, embora rara em se tratando de programas informativos, deve ser feita com cautela. Diferentemente do entrevistado, com o qual é possível conversar antes e sobre o qual o apresentador exerce certo domínio, o ouvinte pode fazer um comentário difamatório ou grosseiro. O apresentador deve ser espirituoso, mas também, eventualmente, rude. O ideal é que haja um atendimento antecipado, feito por um produtor, em vez de colocar o telefone diretamente no ar, pois isso pode evitar certos desconfortos.

Hoje, o modo mais utilizado de participação do ouvinte é por meio de torpedos, mensagens em redes sociais ou plataformas de mensagem instantânea. Mesmo assim, na dinâmica acalorada do programa ao vivo, é preciso ler com alguma antecedência os comentários para evitar que, ao iniciar a leitura, o apresentador perceba alguma incoerência, indelicadeza ou agressão por parte do participante. Há, porém, casos em que o apresentador só descobre um problema desse tipo na opinião do ouvinte quando já está no meio da leitura da frase.

Por fim, é preciso lembrar que o radiojornalismo ao vivo está sujeito a falhas e erros, tanto técnicos quanto de informação – embora seja sempre necessário ter certeza do que está indo ao ar. Em tais casos, a melhor forma de contornar a situação é assumir os erros e os problemas de forma que o ouvinte compreenda a dinâmica de produção do veículo.

Como fazer

Durante a preparação para entradas ao vivo, vale a pena observar algumas dicas:

- Planeje sua fala começando pela parte mais importante do assunto. O relato deve ser feito como se você estivesse contando a história que viu (e apurou) para um amigo ou parente.
- A linguagem deve ser coloquial, mas evite gírias e muita informalidade.
- Seja objetivo, não tente trazer informações que confundam o ouvinte e evite emitir qualquer tipo de opinião.
- Confira se o aparelho por meio do qual fará a transmissão está funcionando bem e se o volume está na altura correta.
- Nos casos de coberturas externas, busque lugares menos ruidosos, com menos gente. Se precisar entrevistar alguém,

sempre que possível, peça para que a pessoa o acompanhe até um lugar com menos barulho.
- Quando estiver no local do acontecimento, é interessante descrever o ambiente para que a audiência possa "visualizar" o local e entender melhor o que acontece lá.

Se a transmissão ao vivo contar com entrevistados:

- A conversa prévia com o entrevistado antes de entrar no ar é primordial para que você consiga "sentir" o que poderá ser mais bem explorado ao vivo.
- Deixe claro também qual é o tempo disponível para a entrevista, para que a fonte não se alongue nas respostas.
- Os dados principais devem ser coletados antes da entrada no ar e podem ser usados na introdução ao assunto. As repostas das fontes devem ser mais analíticas do que descritivas.
- Pronuncie corretamente todos os nomes do entrevistado. Se estiver em dúvida, pergunte a ele qual é a pronúncia certa.
- É sempre importante levar uma pauta com as informações sobre o evento e os possíveis entrevistados, para não estar desprevenido caso consiga conversar com alguma personalidade.
- Quando entrar no ar, primeiro diga a que veio, informe onde está e só então apresente o entrevistado.

- Evite fazer perguntas abertas ou recorrer à famosa sentença "Comente mais sobre isso". Seja objetivo e vá direto ao ponto.
- Siga a conversa, escute o que o entrevistado falar, para então fazer a próxima pergunta.
- Redirecione o entrevistado caso ele se desvie do assunto.
- Nas entrevistas longas, lembre-se da necessidade de redundância: repita o nome do entrevistado e o assunto sobre o qual estão conversando. O mesmo vale para o final da entrevista: acrescente sempre um pequeno resumo do fato/opinião abordados.

4.2 Radiojornalismo cultural

O rádio nasceu com o objetivo de ser um meio de divulgação de cultura e educação, como já observamos ao tratar de sua história. Com a chegada e a proliferação das rádios comerciais, essas questões ficaram a cargo das rádios públicas e também das comunitárias[1]. Mesmo com todos os obstáculos enfrentados, ainda são essas as rádios que mais se dedicam aos temas culturais. Além das dificuldades financeiras, as rádios públicas ainda têm uma forte ligação com órgãos do governo, que nem sempre

---

1 Trataremos com mais profundidade das rádios públicas e comunitárias e seus estilos de programação no Capítulo 5.

possibilitam autonomia editorial, com a consequente pluralidade e diversidade desejadas. A baixa representatividade em relação às rádios comerciais também é frequente. A audiência restrita acaba por ser um fator que dificulta a busca por parcerias e patrocínios culturais. Por outro lado, é justamente por saber da dedicação aos temas culturais que muitos artistas e produtores procuram essas emissoras; trata-se de veículos mais isentos em termos comerciais. São essas rádios que geralmente abrem espaço para a música clássica e instrumental, de variadas etnias e nacionalidades, e para os artistas regionais. Embora isso aconteça muito mais no âmbito musical, são também essas estações que promovem a cultura local, por meio de programas específicos e divulgação de eventos.

A **responsabilidade** em relação à cultura raramente move as rádios comerciais, que consideram como apoio ao setor o mero fato de comentarem a programação do cinema ou realizarem sorteio de ingressos para *shows*. Existe espaço para futebol, ecologia, gastronomia, mas a cultura nem sempre está entre os assuntos contemplados. Para Piza (2011), as rádios comerciais apresentam ao ouvinte o que as gravadoras vendem como os novos *hits* e nem sequer suscitam discussão sobre o momento musical. Em outros países, os programas culturais são muito frequentes nas emissoras de rádio, a exemplo do que ocorre na britânica BBC.

O jornalismo cultural no rádio parece estar, muitas vezes, associado às questões musicais, mas não se limita a isso. A cobertura de eventos, as entrevistas com artistas e a crítica de produtos podem estar presentes, reforçando a função cultural desse veículo. Mas muitas dessas expressões não se dão somente por meio de música, cinema ou teatro. É preciso observar o termo *cultura* de forma ampla.

Embora muitos pensem que o erudito não é acessível a todos e que o popular tem pouco valor, o rádio tem o papel, justamente, de mostrar que toda manifestação cultural tem relevância e advém de manifestações religiosas, de aspectos históricos, da difusão de valores étnicos, da linguagem empregada e de outras fontes simbólicas. Essa discussão entre elitismo e populismo é comum no jornalismo cultural. Ainda existe uma ideia de que as obras de arte estão ligadas a atividades intelectuais de difícil entendimento e pouco acessíveis à maioria das pessoas. Para Piza (2011), isso é o contrário do que se pretende com a democratização da cultura, que é tornar a arte acessível a qualquer indivíduo. Ademais, muitos artistas nascem justamente de um contexto social humilde, como é o caso de diversos músicos. O papel do jornalista de traduzir as linguagens artísticas para o grande público é fundamental para conferir acessibilidade às obras. O tratamento das pautas, nesse contexto, tem importância primordial para que a audiência possa compreender todo tipo de arte.

Outro aspecto polêmico diz respeito à questão da divulgação de produtos nacionais e internacionais. Para alguns críticos, divulgar conteúdos internacionais significa ser submisso a um mercado estrangeiro. De todo modo, sem dúvida, ter um ponto de equilíbrio é sempre o ideal: divulgar conteúdo local é tão importante quanto apresentar novidades vindas de fora. Entretanto, quando se noticiam fatos relacionados ao ambiente próximo dos ouvintes, o desejo de conhecimento é estimulado e se propaga com mais facilidade. Fazer com que o público perceba e entenda seu próprio universo cultural, além de propiciar a compreensão de certos aspectos como pertencentes ao campo da cultura, é uma forma importante de valorização desse contexto. É necessário refletir que a cultura inclui o uso de gírias específicas e palavras de emprego comum em determinadas regiões, que a gastronomia local pode ser fruto da junção de aspectos provenientes de diferentes culturas construídas ao longo do tempo, que aspectos religiosos podem interferir na forma de convivência social de uma comunidade, que a arquitetura local reflete referências culturais etc. Conhecer essas facetas da cultura de uma região ou comunidade desperta o sentimento de pertencimento, que desencadeia o reconhecimento e a preservação dos bens locais. É muito comum, por exemplo, que prédios históricos sejam demolidos por falta de conhecimento sobre as peculiaridades de sua construção, sobre sua importância na paisagem urbana e sobre a história de seus ocupantes e moradores. Tais edifícios são simplesmente entendidos pelo senso comum como algo velho, que destoa da modernidade. A falta de compreensão sobre seu valor cultural minimiza as possibilidades de preservação, e, portanto, os vestígios culturais de toda uma sociedade são apagados com facilidade.

Temas que adquirem *status* cultural ao longo do tempo devem ser priorizados. Além deles, objetos da indústria cultural, como moda e culinária, precisam ser tratados com objetividade e sem preconceito. Temas alheios ao jornalismo cultural, como política e economia, também podem ser abordados por meio de um olhar cultural. A difusão desse tipo de conhecimento pode ser potencializada pelos meios de comunicação, em especial pelo rádio, por sua credibilidade e proximidade com o ouvinte. O jornalismo tem, ainda, papel importante na expansão do acesso aos produtos culturais.

A função do rádio como formador de um repertório nacional comum, papel que hoje reconhecemos na televisão, ainda é pouco discutida. Porém, na época de ouro, com a audiência crescente, tanto os informativos radiofônicos quanto os produtos ficcionais veiculados pelo rádio exerciam grande impacto na sociedade. Muitos hábitos foram moldados não somente pela publicidade, mas também pela rotina que esse meio impunha. Os valores morais, hoje bastante discutidos por meio da telenovela, também se redesenhavam com o rádio, embora as radionovelas não abordassem temas polêmicos, como hoje ocorre na televisão. Apesar de ser muito comum as obras daquele período apresentarem personagens estereotipados e com funções sociais delimitadas, compartilhava-se de um repertório comum de assuntos pautados pelo veículo, os quais envolviam, obviamente, aspectos culturais. Os ídolos da época e suas canções eram bens culturais que alcançavam multidões.

Mais tarde, quando as músicas passaram a ser gravadas, o poder passou à indústria fonográfica, a qual organizava listas musicais que, como ainda ocorre hoje, homogeneizavam o gosto das pessoas.

Ao longo das décadas, no entanto, o rádio exerceu uma influência importante na difusão cultural, ao mesmo tempo que construía o imaginário dos ouvintes com base em conteúdos informativos, ficcionais e publicitários.

4.3
Radiojornalismo esportivo

A história do esporte no rádio começou com a transmissão de um jogo de futebol entre seleções de São Paulo e do Paraná, feita pelo locutor Nicolau Tuma, da Rádio Sociedade Educadora Paulista, durante o VIII Campeonato Brasileiro de Futebol, em 1931. "Nesse dia, foi criada uma técnica para transmissão direta de futebol. E teve início a simbiose, que dura até hoje, entre radiojornalismo esportivo e esse esporte" (Soares, 1994, p. 17). A mesma emissora foi responsável pelos primeiros registros de informação esportiva no rádio, já em 1925, quando noticiava resultados de jogos de futebol.

Até o começo dos anos 1930 só era possível saber sobre o desenvolvimento de um jogo quando se estava presente no estádio. Quando as transmissões começaram, muitos cartolas viram no rádio um inimigo. Para eles, esse meio de comunicação faria com que as pessoas deixassem de ir ao estádio e, consequentemente, parassem de pagar o ingresso para ver seu time. Tempos depois, percebeu-se que esse argumento não tinha nenhum fundamento, já que o rádio havia se tornado companheiro dos torcedores que iam ao estádio: eles assistiam ao jogo e acompanhavam a narração pelo rádio – atitude que perdura até hoje. As primeiras experiências provaram que a narração lance a lance agradava a audiência. Mais tarde, a programação também passou a incluir informativos diários em horários específicos. A história mostra, aliás, que a equipe esportiva das rádios foi organizada antes da noticiosa. O primeiro departamento de esportes foi criado em 1947, na Rádio Panamericana, um ano antes da organização do primeiro departamento de jornalismo, na Rádio Nacional do Rio de Janeiro. E é assim, dividido em dois setores, que muitas emissoras mantêm o departamento noticioso. Atualmente, os programas esportivos vão ao ar principalmente no fim da tarde e começo da noite, mas os boletins esportivos podem estar presentes ao longo da programação.

Além dos jornalistas, que geralmente são apresentadores, repórteres e editores, há também outros profissionais que fazem parte da equipe de cobertura esportiva, como narradores e comentaristas, que não são, necessariamente, jornalistas. Os comentaristas, por exemplo, são muitas vezes ex-profissionais do esporte, como jogadores e técnicos.

Quadro 4.1 – Principais funções no radiojornalismo esportivo

Função	Descrição
Coordenador de esportes	Profissional que gerencia o setor e organiza a cobertura de eventos e o acompanhamento das notícias acerca dos clubes e de outras entidades esportivas. Também acompanha a negociação da transmissão de eventos internacionais, coordena o tráfego comercial e viabiliza os canais de transmissão com as empresas de telecomunicações.
Narrador	Faz a transmissão do evento, descrevendo-o com a maior riqueza de detalhes possível.
Comentarista	Opina sobre temas específicos e tem espaço fixo nos programas cotidianos. Participa também da transmissão, fazendo a análise do evento esportivo.
Repórter	Nos programas diários, é um setorista, que cobre um assunto especializado – nesse caso, o esporte. Em campo, no decorrer de um evento esportivo, pode entrar ao vivo durante a transmissão, fornecendo detalhes dos lances e cobrindo as manifestações da torcida.

(continua)

(Quadro 4.1 – conclusão)

Função	Descrição
Plantão esportivo	Trabalha com dados de arquivo, radioescuta e produtores para oferecer informações adicionais durante a transmissão.
Apresentador	Conduz o programa, geralmente do estúdio.
Produtor	É responsável pelos programas diários sobre esporte e pode também auxiliar o plantão durante as jornadas.
Estagiário	Acompanha outras transmissões realizadas no mesmo momento, checa e organiza informações de forma a auxiliar os produtores.

Fonte: Elaborado com base em Ferraretto, 2014.

Além das transmissões dos jogos e dos programas diários, existe também o que hoje conhecemos por *jornada esportiva*, programa composto do pré-jogo, dos 90 minutos de partida, do intervalo e do pós-jogo. Essas diferentes fases são organizadas da seguinte forma:

- **Pré-jogo ou abertura**: além da citação dos patrocinadores, essa fase da jornada também conta com contextualização do jogo; escalação dos jogadores e outras informações sobre a partida, geralmente dadas pelos repórteres; projeções dos comentaristas; retrospecto dos times com sua situação no campeonato; reportagens.

- **Jogo**: quando a bola começa a rolar, o narrador inicia sua descrição dos lances. Aos poucos, os demais profissionais acrescentam suas participações – comentaristas, repórteres e o plantão.
- **Intervalo**: os repórteres entram no gramado para solicitar depoimentos dos jogadores, da torcida e da equipe técnica sobre os lances da partida e trazem informações sobre as mudanças que ocorrerão na próxima etapa. Também participam do intervalo o plantão, com informações sobre outros jogos que ocorrem no mesmo horário, e o comentarista, com alguma análise.
- **Pós-jogo ou encerramento**: repete-se o procedimento do intervalo e, como naquela etapa, também podem ser ouvidos novamente os lances mais importantes da partida, os gols etc.

Além de uma equipe bem estruturada, com repórteres, comentaristas e narradores, a jornada exige também coordenadores de estúdio, técnicos de som no estádio e outras funções técnicas necessárias para estar no ar por muitas horas seguidas. Algumas jornadas chegam a ficar mais de dez horas no ar, dependendo da importância do evento. Como observam Madureira e Kischinhevsky (2015), a jornada é também uma forma de prestação de serviços para os torcedores, porque informa sobre o trânsito ao redor do estádio e nas vias de acesso, dá dicas de utilidade pública, levanta questões sobre a segurança do transporte público, conta com a participação de personalidades e outros elementos que auxiliam o ouvinte e o situam no contexto geral do evento.

Narração, reportagens e comentários utilizam uma boa dose de emoção para informar – seja pelo fato de que o time enfrentou os rivais e ganhou, seja pela superação do jogador que estava em baixa, seja pela história do atleta sem patrocinador, por exemplo. Para contar essas histórias, é preciso que o jornalista se contenha ou o resultado será algo excessivamente sentimental e pouco informativo. Por isso, o jornalismo esportivo é também bastante ligado à opinião, herança proveniente dos anos 1970, quando o repórter tendia mais a dar suas impressões sobre o que via do que a realmente informar. Aos poucos isso foi mudando, e os princípios básicos do jornalista começaram a fazer parte dessa atividade.

Além da emoção, o jornalismo esportivo precisa administrar a paixão, a polêmica e a rivalidade, tanto por parte dos torcedores quanto por parte dos atletas e da equipe técnica. Por isso, é necessário primar pela **verdade** e pela **exatidão** na informação. No caso do futebol, por exemplo, é comum que torcedores achem que determinados jornalistas torcem pelos times sobre os quais fazem a cobertura, razão pela qual, muitos profissionais não revelam sua preferência futebolística. É preciso mostrar-se bastante imparcial para não correr o risco de ser mal interpretado. Os dados devem estar sempre corretos, como os relativos ao número de gols e à posição classificatória, e os fatos precisam ser bem apresentados, fundados sempre na verdade, como em qualquer cobertura jornalística.

As entrevistas também devem ser bem planejadas no esporte. Muitas vezes, o jogador de futebol não tem muito a dizer, e os jornalistas acabam repetindo clichês na tentativa de animar o time perdedor, por exemplo. Como exemplifica Carvalho (1998), se não é possível investigar a fundo as causas de uma derrota, então é melhor livrar os ouvintes de lugares-comuns como "vamos levantar a cabeça".

Jornalismo esportivo não é só futebol, embora tenha sido em decorrência desse esporte que esse ramo da imprensa radiofônica nasceu. Mesmo que em menor proporção, também são noticiados eventos em modalidades como automobilismo, basquete, vôlei, hipismo, tênis e outras. Para variar a cobertura, é necessário ainda, além dos jogos previstos, acompanhar outros temas, como a chegada de atletas e a volta de jogadores lesionados. A relação com as fontes nos clubes também deve ser cultivada para facilitar as sugestões de pauta. Na atualidade, esse contato foi facilitado pelas redes sociais – usadas por atletas, dirigentes, clubes e demais integrantes de equipes esportivas –, por meio das quais são publicadas informações que podem gerar assunto para entrevistas e/ou reportagens. Contatos individuais ou em grupos nos sistemas de mensagens instantâneas, como o WhatsApp, também funcionam bem para manter o repórter atualizado sobre as atividades do mundo esportivo.

4.4
Audiorreportagem

O termo *radiorreportagem* refere-se ao material produzido em áudio para uma emissora de rádio. Porém, com os novos formatos de produção e distribuição sonora pela internet, o termo hoje ganhou novo delineamento e nova dimensão. A audiorreportagem abrange os produtos sonoros especialmente feitos não só para as ondas hertzianas, mas também para outras plataformas, como os *podcasts*, e elementos complementares de produções multimídia. A reportagem, como forma mais aprofundada de tratar a informação em áudio, agora precisa adaptar-se às novas tecnologias. Sua função de informar permanece aliada ao objetivo de fazer o ouvinte entender o mundo e a sociedade em que vive e de provocar emoções e reflexões nesse sujeito.

Fora do ambiente radiofônico, contudo, a audiorreportagem perde a contextualização sonora que possui. No âmbito de um radiojornal, o apresentador costuma fazer uma introdução à reportagem com alguns elementos informativos. O repórter escreve seu texto considerando as informações previamente expressas na cabeça da matéria. Há, ainda, todo o contexto dentro do programa, a começar pelas manchetes, que apresentam os assuntos a serem tratados e que funcionam como uma estratégia metacognitiva de auxílio na planificação do processo de compreensão dos conteúdos. Na internet, seja em *podcasts*, seja como componente de reportagens multimídia, o elemento introdutório sonoro desaparece e ele passa a depender de um texto escrito como apoio.

No caso do *podcast*, o usuário conhece previamente o assunto tratado, já que a característica desse formato é justamente a segmentação por temáticas. Então, se o ouvinte acompanha um *podcast* sobre tecnologia, sabe que encontrará naquela reportagem algo sobre isso, embora não conheça mais detalhes sobre a delimitação do assunto. Nesse caso, a reportagem surge em um ambiente com uma identidade sonora própria, com trilha, vinheta e outros elementos que proporcionam a aproximação com o tema em questão, que é, desde o início, contextualizado pelo repórter. Para diferenciar-se do audiodocumentário, o tempo deve ser controlado, de curta duração. É preciso dispor as falas dos entrevistados de forma harmônica dentro da narrativa do repórter, e isso exige que a duração das sonoras seja breve dentro da dinâmica da reportagem, porém duradoura o bastante para contextualizar seus pontos de vista.

No caso das **reportagens multimídia**, o elemento sonoro aparece de forma complementar ao texto, aos infográficos e às imagens. Por isso, pode-se ter mais liberdade no formato, sem precisar, necessariamente, contar com uma narração do repórter ou com sonoras. O áudio ambiente de um local, como uma palestra ou a torcida em um estádio, pode ilustrar e agregar aspectos informacionais ao conjunto multimídia. O depoimento de uma personalidade ou um diálogo entre duas pessoas também servem como suplemento. Sob essa perspectiva, existe ainda outro formato interessante na união de mídias diferentes: o *audio slideshow* ou *soundslides*. Nesse caso, une-se o áudio (som ambiente, narração, entrevistas, músicas) a imagens fotográficas, sobrepondo-os. Entre os exemplos, destaca-se um projeto do jornal *The New York Times* que conta histórias em primeira pessoa de pacientes que convivem com diferentes doenças. Não há repórter, apenas a voz do entrevistado e fotos simples.

Apesar de ter sido bastante utilizado no final dos anos 2000 e início de 2010, atualmente esse formato é bastante raro nos meios digitais. Alguns jornais criaram seções especiais para abrigar o formato, como é o caso do *site* do jornal britânico *The Guardian* (2013), que contém arquivos até 2013. No especial sobre a reconstrução do Haiti em 2012, por exemplo, foram utilizadas fotos com legendas, áudios ambientes e depoimentos de moradores locais.

A BBC de Londres também produziu alguns *audio slideshows* sobre diferentes temas (Kerley, 2012). Até 2016 ainda era possível encontrar algo nesse formato no *site* da emissora (BBC News, 2016).

O *audio slideshow* é um recurso interessante para aprofundar o assunto de uma reportagem. Pode ser realizado no formato galeria ou em vídeo. Mas é preciso levar em conta que o uso da imagem complementa o áudio, descaracterizando a linguagem radiofônica baseada na sensorialidade, na visualidade imaginada.

4.5
Audiodocumentário

O audiodocumentário é um formato jornalístico que permite aprofundar determinados assuntos e observá-los de diferentes e variados pontos de vista. Enquanto a reportagem diária geralmente tem curta duração e poucas sonoras, nesse formato se exploram muitas fontes em um tempo mais longo, que pode chegar a uma hora de duração. Como constatam Chantler e Harris (1998), a vantagem desse tipo de material é que os dois ou mais lados conflitantes de um assunto podem ser ouvidos na mesma gravação. As opiniões divergentes ouvidas na sequência uma da outra causam impacto.

Além de mais longas, as sonoras no documentário são mais espontâneas que na reportagem. Muñoz e Gil (1990, citados por Ferraretto, 2014) delimitam ainda outros pontos-chave nessa diferenciação: a naturalidade da fala, que se perde nas reportagens por conta da pressão do tempo de duração de uma peça; o maior tempo de produção e de realização; e o fato de o documentário adquirir a forma de um "programa em si mesmo".

O fato de poder se expandir em um tempo maior demanda um tratamento mais dinâmico do texto. As intervenções do repórter devem entrelaçar-se com as sonoras, de forma a conferirem ritmo ao documentário. É imprescindível lançar mão também de outros efeitos sonoros, dando atenção à sonoplastia. De nada adianta um bom conteúdo se não se consegue prender a atenção do ouvinte. Como observa Ferraretto (2014), esse é um espaço que vai além do tratamento comum dedicado a acontecimentos, opiniões e serviços. As fontes devem ser variadas, populares e especialistas, e as entrevistas devem ser feitas no local onde se encontram as pessoas – e não por telefone.

É importante que as sonoras sejam valorizadas sempre que possível, afinal, são elas que causam mais impacto. O texto do repórter deve inserir os depoimentos, mas sem falar pelas fontes. Além disso, é preciso destacar outros sons, como os captados no próprio ambiente. Em uma reportagem sobre o número de cães abandonados, por exemplo, pode-se fazer uso de sons de latidos. Em eventos, como apresentações de música, também convém gravar um trecho da apresentação. Assim, é possível levar o ouvinte para mais perto do acontecimento, de modo que se sinta parte dele, e despertar sua imaginação visual.

Esse tipo de produto em áudio não é muito comum nas emissoras, com exceção das rádios educativas e públicas, embora algumas estações comerciais o utilizem em forma de série de reportagens transmitidas em capítulos. Além do pouco espaço na programação para produções muito longas, há poucas rádios dispostas a deixar um repórter exclusivamente à disposição de produções maiores. É preciso buscar fontes, bem como fazer vários deslocamentos para as gravações e a posterior edição, o que demanda tempo. Por isso, hoje os audiodocumentários são hospedados em outras plataformas na internet, nas quais é possível ouvi-los em *streaming*[2] ou baixá-los.

Perguntas & respostas

Quais são os tipos de narrativa de um audiodocumentário?

As narrativas podem ser de três tipos: **observacional**, que é conduzida pelos depoimentos e dispensa a interferência do repórter; **guiada**, que é conduzida pelo repórter, o qual, por meio do texto, faz as ligações entre os depoimentos, contextualizando-os; **autoral**, quando o repórter dá sua visão do fato com base em sua experiência.

2   *Streaming* é uma forma de transmissão instantânea de dados de áudio e vídeo por meio da internet.

Como fazer

Para a produção do audiodocumentário, é necessário seguir alguns passos:

a) **Escolha do assunto e das fontes**: antes de qualquer coisa, é preciso que você tenha clareza do que se pretende com o documentário. Depois, é importante que você organize as informações em um pré-roteiro, no qual já podem constar o nome provisório, a duração, dados sobre o assunto, a proposta do que deve ser explorado, o contato das fontes e um cronograma de execução. A pesquisa pode ser aprofundada com visitas a centros de documentação e arquivos, além de pré-entrevistas.

b) **Gravações**: para facilitar a decupagem e posterior edição, é necessário que as entrevistas não sejam longas. O ideal é que você grave somente o necessário, um conteúdo reflexivo sobre o tema, que não ultrapasse meia hora. Dados e números podem ser apurados (e anotados) antes de acionar o REC. Lembre-se de que a espontaneidade do entrevistado é algo a ser conquistado com tempo de contato. Quanto maior o tempo de conversa informal prévia, mais ele se sentirá à vontade na hora da gravação.

c) **Decupagem e roteiro**: decupar é transcrever a entrevista. Quando você tem um material muito vasto, é difícil confiar na memória e lembrar exatamente o que cada entrevistado disse. Por isso, a decupagem é imprescindível para hierarquizar os pontos tratados na conversa, estabelecendo aqueles que devem ser valorizados na edição. Com o material transcrito, inicia-se a montagem do roteiro, que vai guiar a edição. Para melhor fluência da narrativa, o material pode conter unidades temáticas, que não precisam ficar demarcadas, mas que ajudam na compreensão do todo. Assim, subdivida o documentário em temas menores relacionados com o assunto principal. O roteiro pode ser construído de diversas formas. Ferraretto (2014) sugere duas formas. A primeira se inicia com a antecipação do clímax do relato para, na sequência, apresentar-se a descrição em *flashback* do desenvolvimento até chegar a esse clímax; pode-se também deixar o clímax para o final, seguindo a ordem cronológica, com começo, meio e fim. A segunda forma consiste na utilização da técnica de contraponto, em que as linhas de condução se intercalam. Por exemplo, descreve-se uma situação e, no meio dela, inserem-se dados estatísticos e análises de especialistas. Na edição, todo esse processo, previamente descrito no roteiro, será colocado em prática e serão feitos os ajustes necessários em relação ao conteúdo e também à forma.

d) **Edição**: primeiramente é preciso saber se o documentário faz parte de uma série documental ou se é apenas uma peça isolada. Isso norteará a criação de uma identidade sonora com a produção de vinhetas com base em um padrão musical próprio. A edição também é o momento em que é preciso descartar muita coisa boa. Por isso, é necessário ser muito racional na hora de trabalhar com os cortes. O jornalista se apega muito ao material que gravou e torna-se difícil deixar algo de fora. Mas as limitações do tempo exigem que esse procedimento seja feito. Além disso, é na edição que o material ganha ritmo; assim, é fundamental utilizar sons fortes, que façam o ouvinte entender a importância de cada trecho. As sonoras não devem ser longas, mas precisam concluir o raciocínio de cada entrevistado. É essencial levar em conta também que o trabalho de edição é demorado, pois requer ajustes em detalhes pontuais: cortes e junção de áudio, inserção de trilha e escolha de efeitos sonoros. Por isso, o material deve estar pronto bem antes de entrar no ar, de forma a evitar atrasos ou problemas técnicos em decorrência da falta de tempo de finalização. Além de entrevistas e informações apuradas no momento do contato com as fontes, o audiodocumentário permite a utilização de materiais de arquivo e áudios históricos.

Síntese

Tratamos, neste capítulo, de alguns estilos de produtos radiofônicos. Você pôde se aproximar de temas que envolvem o radiojornalismo cultural e esportivo, suas nuances e características.

Também refletimos sobre como o jornalismo ao vivo é dinâmico e quais habilidades são imprescindíveis para transmitir a informação em tempo real.

Examinamos, ainda, formatos de audiorreportagem e de audiodocumentário, de modo a proporcionar a você conhecimentos técnicos e teóricos que o capacitem a desenvolver esse tipo de produto em sua vida acadêmica e profissional.

Questões para revisão

1. (UFRJ – Concurso Público Técnico-Administrativos – 2010) As transmissões de rádio costumam ser ao vivo ou gravadas. No caso das ao vivo, podem ser chamadas também de:
    a) assíncronas.
    b) analógicas.
    c) síncronas.
    d) lineares.
    e) digitais.

2. Sobre a história do radiojornalismo esportivo, é possível afirmar que:

   I) Até o começo dos anos 1930, só quem estivesse no estádio podia saber sobre o desenvolvimento de uma partida de futebol.
   II) No início das transmissões, muitos cartolas viram no rádio a vantagem de poder informar melhor os torcedores.
   III) O primeiro departamento de esportes foi criado antes do primeiro departamento de jornalismo.
   IV) Algumas jornadas esportivas podem ficar no ar por até dez horas seguidas.

   Estão corretas as afirmativas:

   a) I, II e III.
   b) II e III.
   c) I e III.
   d) I, III e IV.

3. Sobre a audiorreportagem, marque a afirmação **incorreta**:

   a) Formatos noticiosos em áudio podem ser exibidos tanto nas rádios tradicionais quanto em produtos multimídia na internet.
   b) Nas reportagens multimídia, o elemento sonoro é um complemento a imagens, textos e infográficos.

c) O *slideshow* é composto por fotografias e áudios e é usado como recurso para aprofundar um assunto ou reportagem.

d) Esse formato é muito utilizado atualmente em jornais estrangeiros e nacionais.

4. "As rádios musicais, com exceção das segmentadas (Nova FM, de MPB, e Cultura FM, de 'erudita'), se concentram em tocar os sucessos ou aquilo que as gravadoras vendem como novos *hits* e, digamos, não fazem nem sequer um programete semanal com análise do momento musical" (Piza, 2011, p. 66).

Com base nessa observação de Piza (2011), apresente uma proposta de jornalismo cultural que englobe não somente as manifestações musicais, mas também outras manifestações culturais abordadas neste capítulo.

5. Discorra sobre quais elementos caracterizam o audio-documentário.

Capítulo
05

Modelos de rádio

Conteúdos do capítulo:

- Rádios AM e FM.
- Rádios *all news*.
- Rádio comunitária.
- Rádio institucional.
- Rádio educativa.
- *Web* rádio.

Neste capítulo, trataremos dos diferentes tipos de emissoras de rádio. Primeiro, descreveremos as diferenças entre os estilos de programação das AMs e das FMs para, então, abordar as rádios *all news*, comunitárias, institucionais, educativas e a *web* rádio. O objetivo é apresentar um contexto histórico desses modelos, definir conceitos importantes relacionados a cada um e ilustrar cada caso por meio de exemplos atuais. Questões como a abrangência e o cunho social de cada padrão terão enfoque especial.

5.1
Rádios AM e FM

Amplitude é a distância entre a parte mais alta (crista) ou a mais baixa (vale) de uma onda eletromagnética e seu ponto médio (eixo de equilíbrio). **Modulação** refere-se à variação do parâmetro da onda. Assim, na transmissão em frequência modulada (FM), o que varia é a frequência das ondas; na transmissão em amplitude modulada (AM), a variação está no tamanho delas, como você pode observar na Figura 5.1. Para fazer a transmissão de dados, as ondas eletromagnéticas percorrem faixas na atmosfera divididas em frequências.

Figura 5.1 – Tipos de modulação

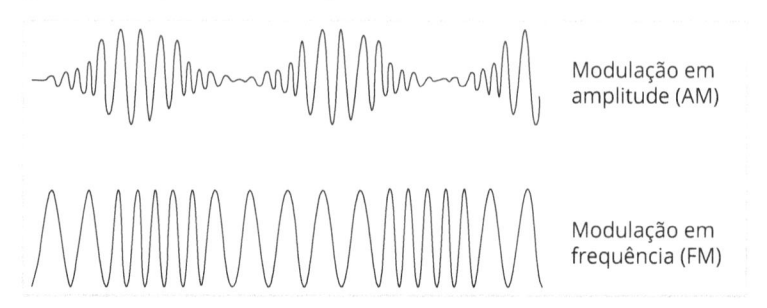

Modulação em amplitude (AM)

Modulação em frequência (FM)

Conforme a classificação das emissoras de radiodifusão feita pela Associação Brasileira de Emissoras de Rádio e Televisão (Abert), as rádios de AM são divididas em **ondas médias (OM)**, **ondas tropicais (OT)** e **ondas curtas (OC)**, com faixas específicas para radionavegação marítima e aeronáutica, radioamador, radioastronomia etc.

As transmissões em OC atravessavam o oceano desde a década de 1920. Esse tipo de sinal, embora tenha qualidade reduzida, pode ser ouvido a longas distâncias. Durante o dia, sofre interferência dos raios solares, mas à noite pode alcançar todo o planeta. Por esse motivo, foi muito importante na transmissão de informação jornalística no século XX. A BBC de Londres, a Voz da América e a Rádio França Internacional são exemplos importantes nesse cenário. Dados de 1989 mostravam que a BBC era uma das rádios com maior audiência no mundo, com cerca de 120 milhões de ouvintes (Romais, 1994).

As OT também são ondas curtas e recebem essa denominação por se situarem entre o Trópico de Câncer e o de Capricórnio. Possibilitam transmissões de até mil quilômetros. No Brasil, existem hoje 74 emissoras transmitindo em OT. Algumas dessas estações diferenciam-se no mercado radiofônico, como a Rádio Inconfidência e a Rádio Guarany, de Minas Gerais, que encontraram uma forma interessante de programação: utilizam as OM na programação normal, para transmissão em Belo Horizonte, e as OC para uma programação especial, dirigida ao interior de Minas e do restante do país (Romais, 1994). Mas existem alguns problemas: além de as OT terem uma transmissão de qualidade inferior, quase não existem aparelhos receptores que recebam o sinal dessa faixa de frequência.

Geralmente a transmissão da AM é feita em mono, enquanto a FM transmite em *stereo*, o que torna o som mais claro e é uma das vantagens desse tipo de emissora. Porém, a AM tem maior alcance. Para cobrir toda a área abrangida por uma emissora AM, uma emissora FM precisa instalar vários transmissores em pontos diferentes.

Entre as rádios de AM e FM não existem apenas diferenças modulares, ou seja, quanto à forma de utilização das ondas sonoras. As emissoras que apresentam essas modulações diferenciam-se também quanto ao conteúdo, o que se reflete no público alcançado e no perfil publicitário. Por terem um grande alcance, as rádios AM produzem programas que podem ser ouvidos por milhões de pessoas, tanto nos grandes centros urbanos quanto nos meios rurais. Aliás, é nos locais mais afastados, onde os sinais de televisão também são precários e a rádio FM não chega, que a rádio AM assume sua maior importância, priorizando a fala em detrimento da música: uma característica fundamental que a diferencia da FM. Todas essas emissoras seguem mais ou menos o mesmo padrão: informação pela manhã, esporte e programas de variedades à tarde e música no período da noite (Kennedy; Paula, 2013).

No Brasil, segundo dados fornecidos pelo Ministério da Ciência, Tecnologia, Inovações e Comunicações em 2014, existem 1.919 rádios AM e, embora elas sejam em número menor que o das FM, que somam 3.209 emissoras, ainda são as mais ouvidas, porque atingem quase todo o território brasileiro, além de desfrutarem de grande credibilidade (Brasil, 2014). O locutor desse tipo de rádio é próximo do público, seus programas adquirem a identidade da audiência; prioriza-se a comunicação com o ouvinte, que é chamado a participar. Além disso, em geral, são oferecidas informações nacionais e internacionais, mas privilegiam-se as notícias locais e a prestação de serviços. Por essa característica, a rádio AM também se mostra como a principal fonte de anúncios locais, já que o preço da publicidade por esse meio é acessível.

As rádios FM surgiram no Brasil na década de 1960. Direcionadas à música, começaram difundindo música clássica, o que delimitava seu público. Mais tarde, com a popularização e o barateamento dos receptores, adquiriram uma linguagem dinâmica, com locução e sonoplastia modernas e passaram a ser direcionadas a um público jovem, veiculando músicas atuais. Mas, além de se voltarem para a questão musical, algumas dessas emissoras também se dedicaram ao jornalismo e aos esportes. A melhor qualidade técnica do som é seu grande diferencial e fez com que, aos poucos, os anunciantes fossem perdendo o interesse por fazer publicidade nas estações de AM, que se tornaram um meio economicamente difícil de ser viabilizado. Mesmo com um sinal mais regional, o estilo das FM não tende a priorizar as demandas da comunidade local. Seu conteúdo é voltado para a classe média.

No radiojornalismo, a diferença quanto à linguagem utilizada nessas duas frequências já foi muito acentuada. O rádio AM era entendido como mais próximo do ouvinte e desenvolveu um estilo mais conversado nos programas de entretenimento, com um ritmo mais lento. Os locutores sempre foram escolhidos pela voz e, nos jornais falados, que exigiam seriedade, adotavam uma linguagem mais formal. O FM, por sua vez, tinha uma linguagem mais acelerada, com vozes mais modernas e narrativas descontraídas. Atualmente, os padrões têm se mesclado, e a linguagem é bastante semelhante, também no radiojornalismo.

Algumas emissoras chegam mesmo a operar nas duas frequências com a mesma programação.

Contudo, esse cenário está prestes a mudar com a migração das emissoras de rádio AM para a faixa FM, autorizada pelo Decreto n. 8.139, de 7 de novembro de 2013 (Brasil, 2013). A mudança atende a uma antiga solicitação dos radiodifusores da amplitude modulada, que esperam, assim, recuperar sua audiência. Estima-se que 30% dos ouvintes de rádio optem por essa frequência, sendo a maior parte deles (44%) pessoas com mais de 50 anos[1]. As emissoras que operam nessa faixa acabaram prejudicadas pela inviabilidade de sintonizá-la em alguns celulares e *tablets* e também em rádios de automóveis. Além disso, a FM opera de acordo com um conceito semelhante ao que se pretende adotar com a rádio digital, que será o próximo passo na modernização do veículo, conforme abordado no Capítulo 6.

5.2
Rádios *all news*

O grande interesse do público pela programação noticiosa estimulou a criação das rádios exclusivamente informativas, as chamadas *all news*. De acordo com Ferraretto (2014), essa

---

[1] Dados de 2010, segundo o Relatório de Pesquisa Quantitativa – Hábitos de Informação e Formação de Opinião da População Brasileira, divulgado pela Meta Pesquisas de Opinião (2010).

denominação norte-americana para as emissoras que transmitem unicamente notícias tem um formato diferente no Brasil, uma vez que originalmente o termo descrevia um tipo de jornalismo que emite notícias em forma de texto e reportagem, repetidas durante as 24 horas do dia e atualizadas ao longo da programação em períodos delimitados de tempo. Outro formato, o *all talk*, ou *talk radio*, seria sustentado pela participação do ouvinte, que poderia opinar sobre os assuntos tratados durante a programação. No Brasil, as emissoras que se dedicam exclusivamente à notícia se autodenominam *all news*, mas em realidade, segundo Ferraretto (2014), desenvolvem um formato intermediário que pode ser entendido como *all talk*. Nesse formato híbrido, cabem entrevistas, noticiários e reportagens, formato bastante utilizado nas rádios mais populares que trabalham a figura do comunicador amigo, que conversa com repórteres, ouvintes e entrevistados. A rádio CBN estaria mais próxima desse formato, enquanto a Rádio BandNews FM, por exemplo, teria um projeto mais próximo do *all news* norte-americano, já que se utiliza de blocos de 20 minutos com noticiário, comentários e prestação de serviços, mas mesmo assim com espaço para o *talk* (Ferraretto, 2014). Há, ainda, o **news plus**, formato que mescla música, esporte e notícia. Mesmo tendo como prioridade a notícia, principalmente esportiva, sua programação é preenchida com música.

A primeira emissora brasileira exclusivamente dedicada ao jornalismo foi a Central Brasileira de Notícias (CBN), inaugurada em 1991, em AM. Em 1995, passou a operar também em FM, o que ampliou sua abrangência e também seu público. Atualmente, existem sete emissoras no segmento *all news* no Brasil: CBN, em AM e FM; Rádio Bandeirantes AM; BandNews FM; Jovem Pan AM; Rádio Guaíba AM, Rádio Eldorado AM; e Rádio Gaúcha AM. Todas elas são de âmbito nacional, embora tenham inserções locais. Conforme Lopez (2009), essas emissoras praticam a transmissão de última hora e a programação linear, sem interrupções para a inserção de programas especializados, algo comum no formato brasileiro de *all news*. O volume de dados é grande, com prioridade para o *hard news* por meio de notas, entrevistas e boletins. Mas há pouco espaço para programas de debates ou documentários que abordem temáticas com profundidade.

Perguntas & respostas

O que são notícias consideradas *hard news*?

As *hard news* são as notícias factuais, relevantes e complexas. Existem ainda as *soft news*, que envolvem matérias frias, relacionadas ao cotidiano dos ouvintes.

Entre as FMs *all news*, a CBN e a BandNews concorrem pelo mesmo público das classes A e B acima de 30 anos. Essas rádios, no entanto, utilizam-se basicamente do *hard news* e raramente veiculam gêneros como radiodocumentários ou debates. Na concorrência com outros veículos, principalmente a internet, o rádio 100% notícias precisa encontrar formas de atualizar o ouvinte a cada minuto. O dinamismo passa a ser fundamental para as notícias, ao mesmo tempo que se abre um espaço importante para o jornalismo opinativo. A análise da informação que circula rapidamente no universo digital mostra-se fundamental para que as rádios encontrem seu público e possam diferenciar-se. Em todas as rádios *all news* o número de colunistas é significativo, e os apresentadores assumem também a tarefa de interpretar as notícias.

A inserção de notícias locais também é um fator de sobrevivência para essas emissoras em nível nacional. Com base em São Paulo, tanto a BandNews quanto a CBN têm horários estabelecidos para a entrada em rede. Os programas locais dão a proximidade que o rádio exige, enquanto a programação nacional projeta os apresentadores e comentaristas de renome na veiculação de assuntos de interesse geral. Ambas adotam um padrão de identidade sonora e de estrutura de produção, evitando assim, como observa Lopez (2009), que se desenvolva uma identidade regional que seja mais forte que a da rede nacional.

5.3
Rádio comunitária

A função social é a principal característica do rádio. Ele é, como define Barbosa Filho (2003), um agente de formação e informação da sociedade. Sua principal função é o **serviço de utilidade pública**. Por isso é tão destacada, principalmente nas rádios regionais, a divulgação de vagas de emprego, de notas de falecimento, de produtos e serviços da comunidade e também de informações sobre saúde pública, cultura, economia, política e outros temas de interesse local. Também é essencial que esse meio se configure como um **canal de denúncia** e um caminho para buscar soluções para problemas que envolvam políticas públicas. A diversidade deve ser exposta no rádio, de forma a promover mudanças, por um lado, e a estimular a manutenção de valores tradicionais, por outro. É graças a essas e outras funções que o rádio se mostra como um veículo genuinamente comunitário, de grande e poderosa influência no meio no qual se desenvolve.

Como forma de desenvolver uma programação de interesse público, que tenha como objetivo o desenvolvimento social e propicie informação realmente comunitária, com o mínimo de influências externas, foram criadas emissoras sem fins lucrativos, entre as quais estão as rádios comunitárias, geridas coletivamente. Elas tiveram início com as rádios livres ou piratas, que eram consideradas ilegais porque ocupavam um espaço do *dial* sem autorização de uso do canal pelo governo. Começaram a aparecer nos anos 1970, durante o regime militar, e iam na contramão dos meios de comunicação mantidos por pessoas ou grupos privilegiados por concessões de canais. Outra precursora da rádio comunitária foi a rádio popular propagada por alto-falantes, conhecida também como *rádio-poste*, cujas primeiras experiências aconteceram nos anos 1980 no Brasil (Peruzzo, 1998).

Mas não se tratava de algo novo, já que o uso de alto-falantes como rádio já existia em muitas cidades do interior do Brasil ainda antes do golpe militar de 1964. Tal recurso era geralmente utilizado por igrejas, lojas e prefeituras. A programação era transmitida por caixas de som instaladas nas comunidades. Peruzzo (1998) cita um exemplo desse tipo de ação posto em prática já em 1948, na cidade de Muqui, no Espírito Santo, quando uma emissora, primeiramente ligada a uma loja, passou a prestar serviço de utilidade pública com debates políticos, jogos de futebol e outras atrações. Nos anos de 1980, essas emissoras operantes em circuito fechado ressurgiram com força, sempre administradas de forma voluntária e coletiva. Nessa época, existiam ao menos quatro modelos desse tipo de iniciativa (Peruzzo, 1998):

- **MODELO 1**: programação voltada para a conscientização da comunidade, com o objetivo de informar, entreter e prestar um serviço de utilidade pública, gerida de forma coletiva.
- **MODELO 2**: programação voltada para o interesse público, mas dirigido por uma ou duas pessoas que gostam do rádio e usam esse veículo para exercitar a voz, mas também para prestar um serviço.
- **MODELO 3**: gerido por idealizadores que implantam o sistema de som na comunidade com o objetivo de prestar serviços, mas com interesses particulares, ou seja, reconhecimento público, prestígio etc.
- **MODELO 4**: idêntico ao anterior, porém com interesses comerciais, como transmissão de anúncios e outras formas de patrocínio, visando ao lucro particular.

Esse tipo de rádio foi aos poucos deixando de existir para dar mais espaço às rádios livres, surgidas ainda nos anos 1970, quando somente grupos privilegiados detinham a concessão de canais. As primeiras experiências desse gênero não tinham o objetivo de abraçar causas sociais ou políticas, apenas praticar a transmissão.

Assim como as rádios livres, as comunitárias desempenham na sociedade um papel primordial no que diz respeito ao direito à informação e à comunicação. Muitas dessas iniciativas, segundo Peruzzo (2006), partiram de movimentos sociais que tinham grandes críticas à realidade social e cultural. A regulamentação desse tipo de emissora ocorreu em 1998, quando foi criado o Serviço de Radiodifusão Comunitária, em FM, pela Lei n. 9.612, de 19 de fevereiro de 1998 (Brasil, 1998b), regulamentada pelo Decreto n. 2.615, de 3 de junho de 1998 (Brasil, 1998a), segundo o qual somente associações e fundações comunitárias sem fins lucrativos podem prestar esse serviço. Para tanto, é necessário que a emissora tenha uma potência máxima de 25 watts, uma antena não superior a 30 metros e que ela transmita uma programação pluralista, com serviços de utilidade pública. O mesmo decreto regulamenta a veiculação de publicidade nas prestadoras do serviço de radiodifusão comunitária, cujas regras diferem das seguidas pelas rádios comerciais. Em vez de patrocínios, as emissoras podem angariar recursos como apoio cultural, de forma institucional, sem a menção de produtos ou serviços. A concessão é permitida apenas a fundações e associações civis, sem fins lucrativos, com sede na localidade em que o serviço é prestado. Atualmente, três canais FM (87,5 MHz; 87,7 MHz; e 87,9 MHz) são de uso exclusivo das estações de radiodifusão comunitária, em nível nacional.

O art. 4º da Lei n. 9.612/1998 impõe ainda que as emissoras atendam aos seguintes princípios:

I – preferência a finalidades educativas, artísticas, culturais e informativas em benefício do desenvolvimento geral da comunidade;

II – promoção das atividades artísticas e jornalísticas na comunidade e da integração dos membros da comunidade atendida;

III – respeito aos valores éticos e sociais da pessoa e da família, favorecendo a integração dos membros da comunidade atendida;

IV – não discriminação de raça, religião, sexo, preferências sexuais, convicções político-ideológico-partidárias e condições social nas relações comunitárias. (Brasil, 1998b)

A programação dessas emissoras é fiscalizada regularmente para a verificação do cumprimento das normas por um conselho comunitário composto de pelo menos cinco pessoas que representem a comunidade local por meio de entidades como associações legalmente instituídas de classe, religiosas, beneméritas ou de moradores.

Como esclarece Peruzzo (1998), todas as emissoras de baixa potência são consideradas comunitárias, ainda que tenham diferentes interesses. A autora as classifica da seguinte forma:

- emissoras realmente comunitárias, mantidas por organizações da comunidade em todo o processo, desde a programação até a administração da emissora, sem fins lucrativos;

- emissoras que prestam um serviço comunitário, mas são controladas por uma pessoa ou um grupo pequeno, que obtém lucro por meio delas;
- emissoras estritamente comerciais, com programação semelhante à das emissoras convencionais e que não têm ligações diretas com a comunidade;
- emissoras de cunho político-eleitoral, ligadas a políticos e partidos, que ficam mais evidentes em períodos pré-eleitorais;
- emissoras religiosas sustentadas por suas mantenedoras, em geral ligadas à Igreja Católica e à Igreja Evangélica.

Portanto, embora algumas dessas rádios se digam comunitárias, somente adquirem esse *status* as que realmente pertencem à comunidade civil – que organiza e opera a emissora – e que têm uma programação que estabeleça um vínculo com a realidade local. Além disso, elas devem:

- abrir espaço para que a comunidade participe da programação, deixando seus microfones abertos ao público local;
- valorizar as singularidades da cultura local;
- facilitar o conhecimento da população sobre as formas de produção do rádio;
- ter como princípio ajudar na informação e formação dos cidadãos por meio de programas educativos e culturais;
- ser geridas pela própria comunidade.

Mesmo com as várias exigências legais, entretanto, muitas emissoras que se dizem comunitárias, na verdade, não o são. Algumas se escondem atrás de associações-fantasmas criadas por políticos. Conforme Nunes (2001), somente no Ceará, das 400 emissoras em operação, apenas 10% são realmente comunitárias, com gestão coletiva, participação da comunidade e programação plural. Esse tipo de desvio do papel da rádio comunitária atrapalha e inibe a participação dos cidadãos, pois a finalidade desse veículo, que é falar da comunidade e para ela, se exaure. Além disso, a falta de fundos e os problemas de recursos humanos também são fatores prejudiciais.

Por outro lado, se uma rádio não é conhecida nem compartilhada devidamente com a comunidade, esta não se sente responsável por sua gestão. Se a interação se limita praticamente só à escolha da programação musical, não há discussões e debates que possam interessar aos moradores do local. A necessidade de falar da realidade local é posta de lado, e a emissora iguala-se às rádios comerciais. Porém, ainda que não exerçam sua completa função, é importante que as rádios comunitárias possam existir e que a comunidade local tenha consciência de sua utilização, de modo a sentir-se parte delas.

Quanto ao jornalismo realizado por essas emissoras, em virtude das questões burocráticas da rádio comunitária, percebe-se que sua manutenção é feita de forma quase voluntária. Se para as rádios comerciais o mercado de publicidade já é problemático, nas comunitárias os apoios culturais também não ajudam a levantar muitos recursos econômicos para pagar as contas do local de instalação, os funcionários e as demais despesas. Assim, é muito difícil que o setor jornalístico dessas emissoras possa se desenvolver de forma satisfatória por conta própria, já que muitas delas sobrevivem pela persistência da militância, como observa Luz (2011).

Claro que isso implica um problema, uma vez que, se não há acompanhamento de um jornalista profissional, o departamento fica à mercê de pessoas que não estão capacitadas para o ato informativo calcado nos preceitos técnicos e éticos que o trabalho exige. Sem um profissional qualificado, o setor de jornalismo pode se resumir à leitura de notícias de jornal ou da internet, sem nenhuma checagem ou averiguação dos fatos, correndo o risco, portanto, de "vender" os erros que, porventura, esses meios de comunicação venham a cometer. Há ainda a questão do compartilhamento ideológico do produtor da mensagem lida, que pode estar presente mesmo sem que se perceba. Além disso, geralmente, a leitura de notícias produzidas por outros veículos, muitas vezes de âmbito nacional, não diz respeito exatamente à comunidade alcançada pela rádio, o que desvirtua completamente sua principal função, que é atender as pessoas do local onde está inserida a emissora. Afinal, é necessário que a comunidade esteja envolvida no ato de fazer jornalismo comunitário, sendo ouvida, para que se sinta parte daquele instrumento de comunicação. Mais do que isso, alguns autores defendem que a própria comunidade deve praticar o jornalismo comunitário, uma vez que ele estimula o aperfeiçoamento e até mesmo o regresso aos bancos escolares por parte das pessoas que dele participam. Por outro lado, como menciona Luz (2011), isso tem como desvantagem a precariedade e o amadorismo da programação jornalística. Luz (2011) ressalta alguns pontos a serem considerados nesse processo:

- Não há um modelo – cada emissora desenvolve o radiojornalismo que entende como melhor.
- Como não têm um modelo próprio, as rádios comunitárias buscam exemplos nas rádios comerciais.
- Trata-se de uma forma de manter e difundir a cultura local, já que cada comunidade faz jornalismo com base em seu conhecimento sobre a mídia, de forma orgânica.
- A rádio torna-se uma grande incubadora de projetos e de experiências, desde aqueles restritos ao "corta e cola" até os noticiários mais sofisticados, que realmente são bons exemplos de jornalismo comunitário.

Para que se configura um radiojornalismo comunitário, é necessário haver uma interação entre a comunidade e a rádio, de forma que os integrantes do corpo social determinem o perfil editorial e participem da seleção, produção e veiculação das notícias. As informações devem estar relacionadas ao cotidiano da comunidade, com interesse na promoção da educação, da arte e da cultura local. Além disso, as fontes devem ser, de preferência, pessoas, lideranças e autoridades da comunidade, bem como movimentos sociais, organizações não governamentais (ONGs), sindicatos e outros órgãos geralmente pouco presentes na produção informativa das rádios comerciais. Uma das saídas para colocar em prática projetos jornalísticos dessa natureza é firmar parcerias com professores e alunos de universidades locais, de preferência cursos de jornalismo (mas não só), bem como sindicatos de jornalistas e seus profissionais. Mesmo que não seja possível haver um acompanhamento constante, treinamentos e oficinas que envolvam os interessados da comunidade podem viabilizar uma melhor compreensão sobre o papel da informação nas rádios comunitárias.

5.4
Rádio institucional

Uma rádio institucional pode ser definida como tal não somente por sua ligação com alguma organização pública ou privada, mas pelo seu conteúdo. Algumas rádios pertencem ou são geridas por igrejas e governos, porém não são necessariamente institucionais, ou seja, não utilizam o veículo de forma a propagar os interesses dessas instituições nessas esferas. As rádios institucionais trabalham sem mediações de terceiros para divulgar assuntos ligados à sua área de atuação, tanto para o público interno quanto para o externo. Como ocorre em qualquer outro produto midiático de cunho institucional, como revistas e jornais, o objetivo é formar uma **imagem positiva** em relação à organização. Por isso, geralmente, esses canais são ligados à assessoria de comunicação. As informações transmitidas por esse tipo de veículo precisam ampliar a divulgação dos conceitos básicos da organização em todos os níveis, como valores, missão, filosofia e posturas, com base em uma visão ética e administrativa. Os assuntos são tratados sem a necessidade de um apelo comercial, pois a intenção é apresentar a própria organização de forma a satisfazer os interesses do público ligado ao órgão ou setor, em geral, sem outra finalidade de cunho financeiro. A transmissão pode ser por rádio *web*, via sistema interno de som, em ondas hertzianas ou via satélite.

Tendo em vista essa definição, podemos dividir as rádios institucionais em três grupos: corporativas/empresariais, setoristas e estatais.

∴ Rádio institucional corporativa/empresarial

No âmbito de uma empresa, é fundamental que os funcionários conheçam a história, a filosofia e as metas da organização, bem como a posição no mercado e sua atuação. Nas companhias de médio e grande porte, esse tipo de informação pode encontrar dificuldade para circular. É possível que os funcionários mais antigos conheçam bem a empresa e estejam atualizados quanto aos propósitos dela; mas a constante mobilidade, a chegada de novos colaboradores e o trabalho temporário de alguns impedem, muitas vezes, que haja um conhecimento homogêneo sobre a empresa. É por conta dessa carência que podem ocorrer as falhas na comunicação ou a desinformação no que se refere a assuntos importantes. No meio empresarial, é regra que, antes de qualquer pessoa externa, os funcionários e os colaboradores sejam os primeiros a saber o que se passa com a empresa. Algumas marcas chegam a apresentar seus produtos primeiro aos funcionários, desde o operário do chão de fábrica até os mais altos executivos, para que eles conheçam seus lançamentos e possam até mesmo opinar sobre eles. Não é agradável que um funcionário fique sabendo de uma notícia sobre sua empresa, que pode eventualmente modificar algumas questões relativas ao trabalho, por meio de terceiros. Conhecer os colegas, estar inteirado dos novos projetos de expansão da empresa, obter informações úteis sobre segurança do trabalho são alguns dos aspectos relevantes que é possível abordar por meio de um veículo de comunicação que alcance todos os funcionários. Veículos impressos, como boletins e jornais murais, são comuns, mas, conforme o tamanho da empresa, podem não ser suficientes. Colaboradores que trabalham em sedes diferentes, longe da central, podem encontrar na rádio institucional corporativa uma forma de se manterem a par das atualizações.

Mas as rádios institucionais podem atuar também sobre o público externo, informando-o acerca das ações de um órgão privado ou público. Desde lojas e supermercados a indústrias e prestadores de serviço, muitos optam pela rádio via internet ou até mesmo em circuito interno. Utilizada como ferramenta de *marketing*, a também chamada *brand radio* (rádio da marca) permite a percepção sonora de forma orgânica, de modo que a informação é passada sem necessidade da total atenção do cliente. Aliás, tal simplicidade é uma das caraterísticas que fazem com que esse seja um bom meio a ser usado de forma institucional, além de conferir intimidade e dinamismo, que proporcionam a fácil compreensão e a absorção da mensagem.

A programação das rádios corporativas pode ser produzida na própria organização, pelo Departamento de Assessoria de Comunicação. Com um pequeno estúdio, gravadores de áudio e computador para edição, já é possível trabalhar nos programas. As mensagens transmitidas por esse meio devem atender às necessidades da organização como forma de integrar a equipe e de divulgar a marca para os clientes. Pesquisas periódicas podem mostrar a satisfação do público com o conteúdo.

A rádio institucional deve ser observada como canal de entretenimento e como mecanismo de melhoria do ambiente, seja em lojas de varejo, seja em áreas comuns de empresas. Boletins podem servir como meio de informação e atualização, com interação do público-alvo. Porém, como observa Kischinhevsky (2015, p. 71), "esses nichos de mercado não devem ser confundidos com o do rádio, embora estejam fortemente imbricados com ele". Ainda que alguns pesquisadores vejam a internet como possibilitadora de uma comunicação direta, sem intermediários, diferente das rádios analógicas, outros, como Bustamante (2003), afirmam que existe uma reintermediação. É nesse sentido que operam as rádios institucionais quando utilizadas por instituições que se posicionam mercadologicamente por meio de suas emissoras na *web*. Para o autor, essas organizações acabam por colonizar novos suportes e mercados, acumulando ainda mais poder sobre os meios de distribuição de conteúdo.

Entre os exemplos de rádios institucionais trazidos à tona pelo levantamento das rádios corporativas feito por Kischinhevsky (2015), destaca-se a Rádio Estrada ALL, que tem como público-alvo os cerca de 400 motoristas rodoviários da transportadora América Latina Logística (ALL), que também opera na área ferroviária. Em 2001, essa empresa iniciou a distribuição de um programa radiofônico, a *Rádio Estrada*, em forma de CD, com 70 minutos de duração e a oferta de notícias, músicas, entretenimento e prestação de serviços. As características da atividade profissional do público-alvo estimulam esse tipo de ação, uma vez que os motoristas passam muito tempo longe da sede da empresa e ouvir rádio no caminhão é um hábito bastante comum. Assim, essa foi a forma encontrada para repassar os valores organizacionais que a empresa pretendia transmitir aos funcionários. Segundo pesquisa interna, o programa tinha alto índice de satisfação e contribuiu para reduzir acidentes, faltas e excesso de velocidade.

Esse tipo de iniciativa impulsiona o surgimento de rádios com programação 24 horas voltadas ao público, seja via *web* rádio, seja via *podcast*. A Rádio McDonald's, em operação desde 2004, que pode ser sintonizada exclusivamente nas 500 lojas da rede em todo o país, é um exemplo disso. Além de veicular informação para os clientes em suas lanchonetes, essa rádio também faz anúncios de fornecedores, mediante patrocínio.

Um terceiro exemplo é o da Magazine Luiza, empresa de varejo que comercializa eletrodomésticos, aparelhos eletrônicos, de informática e outros produtos, com cerca de 740 lojas e 8 centros de distribuição em 16 estados, e que criou, em 2005, a Rádio Luiza. O canal emite programação 24 horas por dia e o público-alvo é o funcionário da empresa. Além de entretenimento, a programação também oferece informação institucional, que varia conforme a região do país. A emissora atinge quase 800 pontos e chega a 30 mil pessoas (Martínez-Costa; Prata, 2016).

Em parceria com empresas de comunicação, algumas marcas também têm conseguido espaço em ondas hertzianas, como é o caso das rádios Mitsubishi FM, SulAmérica Trânsito, SulAmérica Paradiso e Bradesco Esportes. No caso da SulAmérica Trânsito, em parceria com o Grupo Bandeirantes, patrocinada pela SulAmérica Seguros e Previdência, não há anúncios próprios, mas uma cobertura jornalística de interesse para os ouvintes. É uma modalidade de *marketing* que alia a credibilidade da informação ao nome da marca. O mesmo grupo de comunicação fechou um contrato de *naming rights* em 2012 com o banco Bradesco, cuja finalidade é colocar no ar a primeira emissora do segmento *all sports*, a Bradesco Esportes FM15.

∴ Rádio institucional setorista

Outros setores da sociedade também utilizam suas próprias emissoras de rádio como forma de fortalecer os laços com seu público por meio da comunicação institucional. É o caso da Igreja Católica, que mantém a Rádio Vaticano (2017), emissora da Santa Sé com sede no Estado da Cidade do Vaticano. Diferentemente das muitas emissoras católicas que atuam como rádios educativas e/ou comerciais e que transmitem conteúdo variado, a Rádio Vaticano é considerada uma rádio institucional porque sua programação é integralmente voltada à evangelização a serviço do Ministério Petrino. Idealizada por Guglielmo Marconi, foi inaugurada por Pio XI em 1931. De acordo com as informações de sua página, o principal objetivo da rádio é "proclamar, com liberdade, fidelidade e eficiência, a mensagem cristã e unir o Centro da catolicidade com os diversos países do mundo" (Rádio Vaticano, 2017). A emissora também faz a cobertura e divulgação das atividades oficiais do papa no Vaticano, além de proteger os direitos de propriedade intelectual sobre gravações dos Romanos Pontífices.

Sua transmissão é feita em 45 idiomas e o sinal pode ser ouvido pela internet, via satélite e em FM por meio de parcerias com estações de todo o mundo.

Outro exemplo de utilização exclusiva do veículo radiofônico para evangelização é a rede Milícia Sat, fundada em São Bernardo do Campo (SP), a maior do Brasil, com alcance também em outros países das Américas, da Europa e da África. Possui mais de 300 emissoras no Brasil e 250 no exterior, além de rádio *on-line* e canais de televisão.

A Rede Evangelizar, no Paraná, e a Canção Nova, no interior de São Paulo, com vários veículos de mídia, também possuem emissoras de rádio com programação voltada à religião durante 24 horas ao dia. Além da Igreja Católica, também a Igreja Evangélica encontrou no meio de comunicação radiofônico uma forma de difundir seus conteúdos aos fiéis. A Igreja Universal do Reino de Deus, fundada em 1977 por Edir Macedo, Romildo Soares e Roberto Lopes, criou em 1998 a Rede Aleluia (2017). O projeto começou com a aquisição da rádio FM 105,1, do Rio de Janeiro, dois anos antes. Hoje são 64 emissoras em todas as regiões do país, que abrangem 75% do território nacional. A programação incorpora música gospel a programas voltados à evangelização e cultos. O mesmo ocorre com a Nossa Rádio (2017), rede formada pela Igreja Internacional da Graça de Deus, em 2002.

Assim, além da compra de espaço na programação de rádios comerciais, tanto a Igreja Católica quanto a Igreja Evangélica propagam suas ideias por meio de rádios próprias, com programação exclusivamente dedicada à religião.

O fenômeno da proliferação das emissoras evangélicas ocorreu a partir do final da década de 1980, quando houve uma expansão no número de políticos dessa religião e o fortalecimento da bancada evangélica em diversos níveis do Poder Legislativo. O crescimento do número de fiéis também foi decisivo para que essas igrejas investissem em meios que proporcionassem comunicação direta com eles. Além disso, o êxito na relação com a mídia da pioneira Igreja Universal tornou-se um modelo para as demais igrejas, pelo fato de mostrar sua força comunicativa – tanto que chegou a comprar umas das maiores emissoras de televisão brasileiras, a TV Record.

Também os clubes de futebol encontram no rádio uma forma de complementar a comunicação institucional feita por outros veículos, como a televisão e os meios digitais. O FC Barcelona (2017), da Espanha, por exemplo, desenvolve a R@dio Barça. Além da programação ao vivo com transmissões de jogos em catalão, espanhol e inglês, estão acessíveis os arquivos das locuções das partidas que o clube disputa. Jornalistas são responsáveis pela cobertura do entorno do jogo.

Sistema de transmissão de jogos semelhante também é adotado no Brasil por rádios via internet de clubes como o carioca Fluminense, por meio da Rádio Flu. Já os times do Palmeiras (Web Rádio Verdão, 2017) e do Santos (Santos Rádio Web, 2017), ambos de São Paulo, e o paranaense Coritiba (Rádio Coritiba, 2017) têm rádios de transmissão ininterrupta, com programas informativos, de entretenimento e programação musical.

A Rádio Santos FC, por exemplo, umas das mais bem organizadas, foi criada em 2015 e, segundo informado em seu *site*, tem cerca de 14 milhões de ouvintes. A programação institucional é o forte do canal, que também faz transmissões ao vivo das partidas de todas as categorias, com pré e pós-jornada. A interação com os internautas ouvintes é feita pelo WhatsApp e pelas redes sociais. Alguns programas produzidos pela equipe são: *Meninos de Ouro* (sobre jogadores das categorias de base), *Charme, Beleza e Futebol Arte* (sobre o futebol feminino), *Gols do Santos* (narrações de gols e personagens da história do clube) e *Um Passado Só de Glórias* (sobre a memória do time), além das duas edições do *Boletim Alvinegro* que vão ao ar diariamente.

A veiculação desse tipo de rádio institucional tem sido viável graças à possibilidade de criação e transmissão via internet. Tanto instituições internacionais, como é o caso da Rádio ONU (2017) e da Rádio Unicef (Unicef, 2017), quanto instituições nacionais, como a Pastoral da Criança (2016), utilizam esse meio. Esses são apenas alguns exemplos em que se emprega o rádio como forma de difusão de informação humanitária e social. Diferentemente do que acontece com os clubes de futebol e a Rádio Vaticano, exemplificados anteriormente, esses organismos não dispõem de uma rádio com transmissão ao vivo 24 horas, porém disponibilizam uma série de programas com temas relevantes em sua área de atuação, seja para descarga (*download*), seja para escuta em *streaming*. Emissoras interessadas podem utilizar esses programas gratuitamente e em alta qualidade.

∴ Rádio institucional estatal

As emissoras institucionais estatais são fruto do rádio educativo, sistema utilizado pelo governo brasileiro a partir de 1930 para transmitir e difundir conteúdos instrucionais à população. Essas rádios, que eram públicas, também utilizavam os programas para divulgação institucional e propaganda política.

Também o Poder Legislativo viu no rádio um aliado. Em 1952, algumas câmaras municipais passaram a transmitir suas sessões via rádio.

Os canais legislativos de âmbito federal surgiram da necessidade de dar transparência aos trabalhos dos deputados e dos senadores. As duas emissoras de rádio oficiais do Congresso Nacional, a Rádio Câmara e a Rádio Senado, têm objetivos e formas de acesso semelhantes. Ambas fazem, principalmente, a cobertura legislativa por meio de transmissão ao vivo de reuniões de comissões, das sessões plenárias e de audiências públicas, além de produções jornalísticas e programação musical. Existe ainda um espaço dedicado ao entretenimento, com programas culturais e também de caráter comunitário.

A Rádio Câmara foi criada em Brasília, em 1999, com transmissões em FM. Conforme informações institucionais do *site*, essa emissora

> oferece aos ouvintes a transmissão ao vivo das votações em Plenário, a cobertura jornalística das atividades parlamentares, programas voltados à formação de cidadania, campanhas de utilidade pública, radionovelas, além de uma programação cultural e musical comprometida com a diversidade do país. (Haje; Cronemberger, 2011)

Além de transmitir por ondas hertzianas, a Rádio Câmara disponibiliza o material produzido na internet, tanto para reprodução quanto para *download*. Desde 2015, passou a ser transmitida também em rede para FMs de outros estados, em parcerias com suas respectivas assembleias legislativas.

> A Rádio Câmara também participa do programa de acessibilidade da Câmara dos Deputados, com a gravação em áudio da Constituição, de algumas leis básicas, de convenções internacionais e de audiolivros, disponíveis na sua página na internet e no Centro de Documentação e Informação da Câmara (CEDI). (Brasil, 2017a)

A rádio faz ainda parcerias internacionais, como a série de *spots* sobre doenças comuns em Cabo Verde, em conjunto com a embaixada do país no Brasil e o Instituto Camões, realizada em 2009, além do programa *Conexão Brasil*, em parceria com a Rádio CSB de Portugal.

Além de ser transmitida em FM para Brasília e outras 26 cidades brasileiras, sua programação também é acessível pelo *site* da instituição, pelo sinal da TV Câmara captável por antena parabólica, pelo sistema Radiosat Digital e Via Satélite Sinal Digital. A Rádio Senado também é transmitida por esses meios, mas prioriza sua abrangência em FM para as capitais do país e por isso está disponível para Brasília e outras nove cidades.

A Rádio Senado, criada em 1997, tinha como objetivo original transmitir as reuniões das comissões e das sessões plenárias do Senado Federal e do Congresso Nacional, além de divulgar as atividades da Presidência e dos senadores. Também coube à Rádio Senado articular outros trabalhos realizados pelo Senado Federal, como o *Jornal do Senado*, que é irradiado juntamente com a *Voz do Brasil*, os boletins transmitidos por telefone e o serviço conhecido como Dim-Dom, que veiculam avisos para o público interno durante as sessões plenárias.

A Rádio Justiça, emissora institucional do Poder Judiciário, é administrada pelo Supremo Tribunal Federal (STF). Iniciada em 2004, é transmitida em FM para o Distrito Federal, via satélite e pela internet.

Ao tratar os temas jurídicos em profundidade, a Rádio Justiça busca evitar que assuntos importantes e complexos sejam abordados superficialmente. Além da produção de notícias por equipe própria, jornalistas de outros tribunais e de entidades ligadas ao Poder Judiciário são correspondentes da Rádio Justiça em todos os estados. (Brasil, 2017c)

Os eixos editoriais abordam questões de educação, cultura, jornalismo, cidadania e prestação de serviços. A programação tem parceria com tribunais superiores e outros órgãos ligados ao Judiciário. Transmite ao vivo as sessões plenárias, assim como as rádios legislativas.

Embora o Poder Executivo tenha oito emissoras, a rádio Nacional FM de Brasília é a que mais se assemelha às rádios dos outros poderes. Primeira emissora nessa frequência na capital federal, teve suas transmissões iniciadas em 1976. O material jornalístico utilizado é produzido pela Rádio Nacional AM, que também faz parte da Empresa Brasil de Comunicação (EBC), sistema de radiodifusão pública gerido pela Presidência da República por meio de um conselho formado por integrantes da sociedade civil. A grande diferença desta em relação às rádios legislativas e à do Judiciário é a programação, já que não há a transmissão das atividades do Poder Executivo. Para Macedo, Barros e Bernardes (2012), uma das razões pode ser a fragmentação das instâncias do Executivo. Seria difícil fazer a cobertura das atividades do presidente e de seus ministros ao mesmo tempo e, mais complicado ainda, transmiti-la.

> Além disso, as decisões do Executivo são tomadas em diferentes instâncias organizativas, ao contrário das decisões colegiadas do Legislativo e do Judiciário. Nesses dois poderes, as decisões mais importantes são todas definidas no plenário das Casas, o que justifica a transmissão ao vivo das sessões, especialmente sob o argumento de transparência e publicidade das atividades institucionais. (Macedo; Barros; Bernardes, 2012, p. 48)

Originalmente essas emissoras estatais tinham um caráter educativo, o que pode ser observado atualmente pelo seu direcionamento a questões de cidadania e transparência, na tentativa de realizar uma comunicação democrática. Porém, para quem pretende estreitar a relação entre as instituições e o público, elas ainda utilizam uma linguagem demasiadamente burocrática, herança de seus valores institucionais. É preciso, portanto, apostar em uma proposta de modernização, objetivando a qualidade e atratividade na prestação de serviços e também a expansão do alcance dos intuitos institucionais.

5.5
Rádio educativa

Como mencionamos anteriormente, as primeiras emissoras de rádio nasceram com o objetivo de serem culturais e educativas. Mais tarde, com o início de sua atuação de caráter comercial, esse princípio e a finalidade puramente social foram sendo, aos poucos, deixados de lado. Nas rádios intituladas educativas, porém, a premissa original do veículo é resgatada.

A princípio, as rádios educativas serviriam, como o próprio nome indica, como instrumento de **educação não formal**, que se daria por meio da participação cidadã. Assim, auxiliariam na discussão de assuntos importantes para o desenvolvimento da cidadania, de forma que qualquer indivíduo se sentisse apto a participar da vida política da comunidade na qual está inserido. Esse tipo de rádio deveria, portanto, ser mais do que um veículo de comunicação – deveria ser também um meio pelo qual se constroem as identidades culturais e se desenvolve o pensamento crítico. Nesse sentido, é fundamental a participação da sociedade para que as emissoras sigam com seu intuito primordial de informar, mas também de promover e defender os interesses da sociedade como um todo, tanto no sentido dos costumes sociais e culturais quanto nas práticas políticas.

Outra função das rádios educativas, segundo Merayo-Pérez (2000), seria o apoio a movimentos e lutas sociais e à educação não formal. Em países pouco desenvolvidos, é por meio do rádio que organizações internacionais, como a Organização das Nações Unidas para a Educação, a Ciência e a Cultura (Unesco), promovem **programas de desenvolvimento social**. Assim, o rádio pode levar instrução e cultura a diversas comunidades, prestar apoio à educação escolar em lugares de difícil acesso e servir como complemento aos assuntos tratados em sala de aula.

Sua origem no Brasil tem como marco a doação da Rádio Sociedade do Rio de Janeiro, de propriedade de Edgard Roquette-Pinto, ao Ministério da Educação e Saúde, em 1936. A emissora, que a partir de então passou a chamar-se Rádio Ministério da Educação ou Rádio MEC (Moreira, 1991, citado por Peruzzo, 2011), transmitia cursos de literatura, de idiomas, de geografia e de história natural, além de notícias e entrevistas realizadas na então capital do Brasil.

Em 1937, Getúlio Vargas criou o Serviço de Radiodifusão Educativa (SRE), ligado ao Ministério da Educação e Saúde. O SRE promovia cursos de português, inglês e geografia. Realizava também cursos de férias para professores. Os cursos tinham como método a pesquisa, o uso de material de apoio e a avaliação. Até o final dos anos 1980, cursos de francês e alemão ainda adotavam a mesma metodologia.

Em 1958, o governo federal deu início ao Sistema Rádio-Educativo Nacional (Sirena), dedicado à emissão de cursos destinados aos moradores do interior do país sobre temas como educação sanitária, agricultura e alfabetização. Os programas eram produzidos pela Rádio MEC, mas sem participação de professores e alunos, o que impossibilitava um diálogo próximo à realidade dos ouvintes. Com a extinção do Sirena, surgiu o Movimento de Educação Base, promovido pela Igreja Católica e aplicado pelas dioceses da Região Nordeste. Havia postos de escuta e monitores, o que viabilizava a discussão acerca dos temas das lições e não somente a transmissão das aulas.

Nos anos 1960, passaram a existir emissoras de rádio e também de televisão operadas por instituições governamentais de vários níveis: municipais, estaduais e federal. A abertura da legislação, com o Decreto-Lei n. 236, de 28 de fevereiro de 1967 (Brasil, 1967), possibilitou a instauração também de outra categoria de rádio educativo: o educativo-cultural, do qual fazem parte as emissoras universitárias e as que têm ligação com fundações de caráter religioso, educacional e cultural.

A veia educativa do rádio passou a existir concretamente na década de 1970, quando o governo federal implantou o Projeto Minerva, que transmitia uma programação de cinco horas em todas as emissoras educativas do país, com conteúdo de formação dos últimos anos da escola fundamental e do curso supletivo. Mais tarde, esse projeto migrou para a televisão, dando origem aos telecursos dos anos de 1980 e 1990. Isso demonstra, pois, a importância que o tema *educação* assumiu no veículo *rádio*, ainda que esses materiais tenham sido produzidos sem levar em conta as diferenças regionais e sem permitir a interação e a aproximação entre o conteúdo e seus receptores.

Com o fim desse projeto, em 1991, criou-se o Projeto Rádio-Escola, realizado por meio de uma parceria entre o Ministério da Educação e a Universidade de Brasília. Ele consiste em três séries de programas destinados aos professores, ao uso em sala de aula e aos radialistas, como forma de divulgação do projeto. Em 2007, os Ministérios da Ciência e Tecnologia e da Educação lançaram um edital para a produção de recursos multimídia, entre eles programas radiofônicos de vários gêneros e formatos para serem usados em sala de aula.

As rádios educativas têm a função de transmitir uma programação que possibilite que elas operem como educadoras sociais, de forma a provocar e estimular o pensamento crítico e a ação coletiva e, consequentemente, incentivar mudanças sociais nas comunidades. Assim, ao atuar na educação não formal, a rádio educativa pode ser um meio de envolver a comunidade de modo a estimulá-la a trabalhar em prol de si mesma. Com base no entendimento dos problemas da comunidade em que atua, ela pode propor ações de transformação da realidade, fomentando a autonomia para que seus membros possam entender realmente seus desafios, dividir as tarefas e buscar soluções. Nesse sentido, cabe também ao veículo valorizar o indivíduo e incentivá-lo a participar, de modo a fazê-lo compreender suas responsabilidades e potencialidades.

No processo de educação formal via rádio, os conteúdos transmitidos pelos programas geralmente estão ligados ao currículo regular de ensino; assim, abordam-se os temas trabalhados nas aulas presenciais, muitas vezes acompanhados de material impresso complementar. A forma de atuação vai depender do público a que o programa se destina: adultos, crianças e jovens ou voltado à capacitação profissional.

Embora hoje seja raro encontrar esse tipo de programação, no início das transmissões radiofônicas essa era uma de suas principais funções.

Em alguns lugares do Brasil, projetos específicos são desenvolvidos nesse sentido. É o caso do Projeto Rádio pela Educação, empreendido pela Rádio Rural de Santarém, no Pará, que chega às zonas urbanas e rurais dos municípios de Santarém, Juruti, Belterra, Monte Alegre e Aveiro. Desde 1999, a iniciativa leva alunos ao estúdio para que eles possam falar sobre os assuntos do seu cotidiano, além de divulgar as atividades da escola. Com isso, foi possível criar uma rede com outras unidades escolares.

O programa *Ouvir e Aprender* aborda temas tratados em sala de aula, como "o incentivo à leitura e à escrita, a educação ambiental, os direitos da criança e do adolescente, entre outros temas ligados à cidadania" (PRPE, 2017). Com base em um guia pedagógico, produzido pela equipe do projeto em parceria com a Universidade Federal do Pará, o programa de 30 minutos é veiculado três vezes por semana. Seu objetivo é despertar a consciência crítica das crianças e dos adolescentes para que busquem valorizar seus direitos; incentivar a leitura, a escrita e a expressão oral; garantir o protagonismo dos jovens na produção dos programas; e estimular a comunidade a participar da programação.

O projeto desencadeou uma série de outras iniciativas, como: a formação da Rede Repórteres Educativos, que reúne estudantes de diversas escolas para que eles recebam treinamento para a produção do produto radiofônico; a implantação de rádios internas nas escolas; e o evento Encontro do Rádio pela Educação. Mais de 50 mil alunos já passaram pelo projeto.

O uso do rádio na educação não formal ocorre em todo o mundo. O Fundo das Nações Unidas para a Infância (Unicef) realiza diversos trabalhos nesse sentido: por exemplo, produz mensagens de ajuda a milhões de pessoas ilhadas em comunidades isoladas por desastres naturais e – como aconteceu em 2015 – oferece informação educativa aos cidadãos de Serra Leoa, Libéria e Guiné sobre a epidemia de ebola, com o intuito de explicar as formas de prevenção da doença. Além da questão sanitária, o rádio auxiliou as crianças que perderam aulas por conta da enfermidade com projetos de recuperação do conteúdo perdido, enquanto as escolas estiveram fechadas. Cerca de 30 mil crianças foram beneficiadas pelo projeto radiofônico de emergência em 329 escolas da Guiné, segundo dados de 2015 fornecidos pelo Unicef (Gutcher, 2015).

Com relação à programação, as emissoras educativas são organizadas de forma oposta à das rádios comerciais. Busca-se, primeiro, realizar uma seleção musical com produções de qualidade, sem necessidade de apelar a artistas conhecidos em virtude de uma divulgação comercial massiva. Assim, é comum uma grade com emissão de músicas eruditas e instrumentais, bem como uma programação que valorize canções populares brasileiras e artistas regionais. A cobertura jornalística também se diferencia porque adota um formato mais aprofundado, com a veiculação de materiais pouco frequentes nas rádios comerciais, como reportagens especiais e radiodocumentários, além de programas voltados para públicos específicos, com debates e entrevistas, menos centrados no factual. Porém, nem sempre esses diferenciais são realmente aplicados, em grande parte em decorrência do escasso controle pelos mecanismos legais. Com a correta utilização das emissoras, a independência editorial também pode ser verdadeiramente colocada em prática.

O número de emissoras educativas deve ser ampliado. Dados de 2014, fornecidos pelo Ministério das Comunicações, mostram que, das 9 mil emissoras brasileiras, há apenas 422 rádios FM educativas, o que representa 4,7% do sistema. O Plano Nacional de Outorgas (PNO) de rádios FM e TVs educativas para os anos de 2016 e 2017, publicado pelo Ministério das Comunicações, prevê a abertura de chamadas públicas para a criação de emissoras com fins educacionais. O objetivo é contemplar 744 cidades em todo o Brasil. As 235 localidades que já possuem canal disponível serão atendidas por editais específicos. Já as outras 509 cidades que ainda não possuem canais no Plano Básico de Radiodifusão terão de esperar as frequências concedidas pela Agência Nacional de Telecomunicações (Anatel).

Entre os critérios para a escolha das cidades estão a demanda de entidades que fazem parte dos Cadastros de Demonstração de Interesse (CDI) e a presença de instituições de ensino superior públicas. O Plano Plurianual (PPA) 2016/2019 prevê que 90% das cidades com universidades públicas terão ao menos uma rádio ou TV educativa.

O objetivo dessas emissoras será a transmissão de programas educativo-culturais, de forma que, em parceria com os sistemas de ensino, possam auxiliar na formação dos estudantes, tanto na educação básica, superior e permanente quanto nas questões de orientação profissional e divulgação de informações referentes a assuntos relacionados à educação.

5.6
Web rádio

Com a internet, o rádio se transformou em algo plenamente acessível a qualquer pessoa conectada – tanto para quem pretende simplesmente ouvir uma emissora de fora de sua região quanto para quem pretende criar sua própria programação em uma rádio *web*.

Inicialmente as emissoras convencionais disponibilizaram em suas páginas um canal de acesso à programação em tempo real. Mas o que revolucionou o sistema radiofônico foi o surgimento de rádios feitas exclusivamente para serem ouvidas pela internet, as *web* rádios. É preciso diferenciar, portanto, as rádios que se fazem presentes também pela *web*, assim como ocorre via ondas hertzianas, daquelas que são produzidas unicamente para a internet.

A primeira rádio comercial transmitida de forma ininterrupta e em tempo real pela internet foi a Rádio Klif, do Texas, nos Estados Unidos, em 1995. No Brasil, a experiência teve início com a Rádio Totem, em 1998, a primeira a ser produzida e transmitida exclusivamente pela internet. Antes, já existia um programa de rádio transmitido via *web* criado por integrantes do movimento Mangue Beat, de Pernambuco. Em 2007, já havia 346 estações transmitindo somente pela *web*, de acordo com levantamento de Kischinhevsky (2009), e 1.623 rádios AM e FM que poderiam ser ouvidas pela internet ou de forma analógica. Em 2017, o *site* <radios.com.br> registrou quase 12 mil emissoras de rádio *web* contra cerca de 10 mil rádios AM e FM.

De acordo com Costa e Costa (2009), apesar de terem formatos de produção semelhantes, uma vez que seguem o modelo das estações comerciais, as rádios convencionais e as *web* rádios diferenciam-se pela parte técnica, que, segundo as autoras, é mais defasada nas emissoras *on-line* por conta dos *softwares* utilizados.

Modelos de rádio

Há ainda outras diferenças entre essas duas formas de produção e transmissão (Costa; Costa, 2009):

- **Necessidade de concessão ou licença**: uma das diferenças fundamentais é o fato de uma rádio *web* não precisar de autorização para operar, diferentemente do trâmite burocrático necessário para iniciar um projeto de rádio AM ou FM. Além de se evitar a demora na conclusão dos trâmites, não é necessário pagar pela concessão e por suas renovações. Embora não haja esse tipo de problema, existem outros, como os direitos de autor e a proibição do uso de músicas sem licença das indústrias fonográficas. Nos Estados Unidos, por exemplo, já existe uma cobrança pelo uso, principalmente quando a rádio conta com o comércio de publicidade.
- **Público segmentado**: por terem um público bastante segmentado, as rádios via internet são bastante inovadoras em termos de programação, já que trabalham com um produto mais personalizado. Muitas vezes, uma rádio reúne comunidades interessadas em um tema específico, quase como um *blog*. Gastronomia, cultura *pop* e *animes* (desenhos japoneses) podem ser os assuntos do canal. Existem até mesmo algumas

rádios bastante peculiares, como a Rádio DogCat (Dog Cat Radio, 2017), transmitida da Califórnia, nos Estados Unidos, que fala diretamente aos gatos e cachorros, ensinando-lhes boas maneiras e abordando assuntos de seu "interesse". Como podemos perceber, o público pode ser bastante variado. Também os tutoriais do tipo "faça você mesmo" costumam ter bastante sucesso. Comuns em vídeo, também podem ser encontrados no rádio no formato de dicas curtas de receitas culinárias ou dicas de organização da casa. Até mesmo as chamadas "igrejas eletrônicas" tiveram impulso com a disseminação das rádios pela internet. A Rádio Nossos Passos (2017), da Arquidiocese de Feira de Santana, na Bahia, por exemplo, possui sua própria rádio *web*, por meio da qual transmite músicas, informação, missas e celebrações.

- **Acesso**: o ouvinte pode receber o conteúdo de qualquer lugar e no horário que bem entender, desde que tenha acesso à internet. Além disso, pode buscar o tipo de conteúdo que mais lhe interessar, sem precisar sujeitar-se a um padrão de programação preestabelecido por uma estação.
- **Cobertura mundial**: se antes só era possível escutar uma rádio estrangeira com receptores de ondas curtas, agora é possível ouvir emissoras de qualquer lugar do

planeta com apenas um clique. Não há antenas, chiados ou cortes na transmissão. Pessoas que vivem longe de seus países ou estão em deslocamento, ou mesmo as que apenas se identificam com outras culturas, podem acessar as emissoras até mesmo de cidades pequenas e periféricas e ficar a par dos acontecimentos de todo o mundo em tempo real.

- **Transmissão móvel**: é possível também fazer transmissões de qualquer lugar, desde que se disponha de um computador e de conexão com a internet. Assim, repórteres que viajam pelo mundo podem ter seu próprio canal de distribuição de notícias, por exemplo. A transmissão de eventos ao vivo também é possível e pode ser o diferencial de uma emissora especializada.
- **Multimídia**: a rádio *web*, como qualquer outro produto feito para a internet, também possibilita que o usuário navegue enquanto escuta, interagindo nas redes sociais e compartilhando sua experiência com a rádio escolhida. A página que hospeda a emissora pode incluir, além de áudio, vídeos, textos, fotografia, arquivos de programas, enquetes, *links*, fóruns de debate, anúncios publicitários etc.
- **Baixo custo**: os gastos para estruturar uma rádio são bastante altos – estúdios, transmissores, taxas pagas pela concessão etc. No caso da rádio *web*, o custo é

significativamente menor, se considerarmos que são necessários apenas um equipamento de áudio, um computador e uma boa conexão de internet. Há também o custo do servidor e do *software*, claro, embora existam opções de uso gratuito.

- **Compartilhamento**: rapidamente um vídeo ou um texto pode tornar-se viral nas redes sociais. A capacidade de compartilhamento da informação é bastante ampla e deve ser usada pelas rádios na internet, para incrementar a difusão de seus conteúdos.
- **Interatividade**: uma câmera no local de onde se transmite a rádio pode ser uma forma de interagir com o público, ao mostrar os bastidores do trabalho. Conversar com os ouvintes, seja por meio de uma participação via Skype, seja por meio de redes sociais, pode ajudar a fidelizá-los. Com a participação dos receptores, é possível elaborar uma programação mais personalizada e estabelecer uma relação mais íntima com cada um deles. O que se busca em meios como a internet, e pela junção com TVs e rádios, é um sistema de organização de informações que viabilize a eficiência da comunicação, com informações e dados que sejam gerados tanto por quem antes só produzia quanto por quem deixou de ser somente "consumidor" desse sistema que apresenta grande potencial de comunicação.

Como fazer

Embora existam tantas diferenças, os mesmos princípios que regem a comunicação analógica servem também para a virtual. Sempre use a criatividade e busque qualidade para trabalhar os conteúdos. Assim, antes de criar uma rádio, é necessário que você observe os seguintes fatores:

- **Concorrência**: verifique quantas rádios existentes já tratam do seu tema de escolha e qual é a abordagem que este recebe por parte delas. Rádios generalistas podem ter mais dificuldade de encontrar audiência, pois concorrem com as transmitidas por ondas hertzianas, e isso se soma ao fato de que estas também estão *on-line*. A concorrência é grande e, por isso, é preciso encontrar um diferencial, que pode ser proporcionado por conteúdos originais.
- **Qualidade**: ainda que colocar uma *web* rádio no ar seja relativamente barato, você precisa levar em conta que bons equipamentos e *softwares*, às vezes, podem custar caro. Quanto melhor for a qualidade do som, mais satisfeita ficará sua audiência.
- **Alcance**: já que uma rádio na internet pode ser ouvida em qualquer lugar do mundo, pense em temas de interesse amplo, que possam instigar a audiência de pessoas residentes

em outros lugares. Tratar de assuntos extremamente locais pode diminuir seu alcance.
- **Interatividade**: os canais de intercâmbio de impressões e opiniões são muito importantes. Mais do que abri-los para que os ouvintes possam pedir música, é fundamental que você chame a audiência para participar de enquetes e debates, bem como para compartilhar a programação da rádio com os amigos nas redes sociais.
- **Tempo**: a navegação na internet é muito dinâmica. As pessoas mudam muito rapidamente de um *site* para outro, de um vídeo para outro. O mesmo pode acontecer com o rádio. A conexão com uma *web* rádio não dura mais do que uma hora e você precisa levar isso em conta ao determinar a extensão dos programas.
- *Softwares*: existem programas gratuitos de edição de áudio, como o Audacity ou o Power Sound Editor Free, os quais, embora tenham funções limitadas, são bastante úteis para organizar materiais gravados. Alguns servidores gratuitos que podem ser utilizados por projetos sociais e comunitários são o <dissonante.org> e o <icecast.org>. Nesses *sites* é possível encontrar indicações de programas que se conectem aos servidores para transmitir áudio diretamente do microfone instalado em seu computador.

Síntese

Neste capítulo, descrevemos alguns modelos de rádio. Diferenciamos emissoras AM e FM, de forma a esclarecer as características específicas de cada uma delas. Abordamos também como funcionam as estações que dedicam 100% de sua programação ao jornalismo. Tratamos das rádios comunitárias, institucionais e educativas, enfocando particularmente seus aspectos históricos e conceituais. Nosso objetivo era que você compreendesse as peculiaridades dessas diversas modalidades de rário e, por isso, em alguns casos, recorremos a exemplos atuais. Por fim, não poderíamos deixar de apresentar as rádios veiculadas exclusivamente pela internet, que têm mudado a forma de produzir e transmitir notícias e entretenimento.

Questões para revisão

1. Sobre as diferenças entre emissoras de amplitude modulada (AM) e de frequência modulada (FM), assinale a alternativa **incorreta**:
    a) A programação da AM é mais falada, enquanto a da FM é mais dedicada à música.
    b) A rádio AM tem maior alcance que a FM.

c) A programação da rádio AM é mais diversificada, com informação pela manhã, variedades e esporte à tarde e música à noite.
d) A rádio AM é considerada mais elitista que a FM.

2. Algumas características definem as rádios dedicadas ao jornalismo. Considere as afirmativas a seguir:
   I) As rádios *all news* em FM concorrem pelo público das classes A e B e pela faixa etária acima dos 30 anos.
   II) A análise da informação é fundamental, por isso existem tantos colunistas e comentaristas nessas emissoras.
   III) É necessário mesclar programação nacional com local.
   IV) É bastante comum encontrar nas rádios brasileiras a oferta de produtos mais aprofundados, como documentários e debates.

   Assinale a alternativa em que se citam apenas afirmativas que se referem às rádios dedicadas ao jornalismo:
   a) I, II e III.
   b) I, III e VI.
   c) II e III.
   d) I e IV.

3. As formas de transmissão e recepção das *web* rádios diferem das empregadas pelas rádios hertzianas. Com base nessa

afirmação, indique se as afirmações a seguir são verdadeiras (V) ou falsas (F).

( ) Há necessidade de licença para a concessão da *web* rádio, assim como ocorre com as rádios tradicionais. O pedido deve ser feito ao Ministério das Comunicações.

( ) A *web* rádio precisa de transmissores e equipamentos profissionais para ir ao ar. Por isso, esse tipo de emissora exige grande investimento econômico.

( ) A transmissão das *web* rádios pode ser feita de qualquer lugar, desde que se disponha de uma boa conexão de internet e de um computador com microfone.

( ) Enquanto ouve a *web* rádio, a pessoa pode navegar por outros *sites* e interagir nas redes sociais.

Assinale a alternativa que indica a sequência correta:

a) V, V, V, V.
b) V, F, V, F.
c) F, F, V, V.
d) F, V, F, V.

4. De que forma podemos classificar os tipos de rádios institucionais?

5. Quais são as principais funções das rádios educativas?

Capítulo
06

Novas ambiências sonoras

Conteúdos do capítulo:

- As tecnologias digitais do rádio.
- O rádio na internet.
- Convergência e multimidialidade no rádio.
- *Podcasts*.
- Uso de dispositivos móveis e aplicativos no radiojornalismo.

Neste capítulo, enfocaremos as novas ambiências sonoras, ou seja, os locais proporcionados pela internet nos quais o áudio informativo pode ser armazenado e transmitido. O objetivo é que você compreenda de que forma esse cenário digital tem modificado as rotinas produtivas do rádio. O jornalista adquire um papel multimídia num mercado que investe cada vez mais na convergência. Os portais e os aplicativos, que transmitem a programação em tempo real, e as redes sociais, que a repercutem, passam a contar com imagens, textos, *links* e outros recursos característicos do jornalismo da era digital. Além dessa junção de mídias, a internet possibilitou a criação de novos formatos, como o *podcast*. É o radiojornalismo ampliando sua visão dos fatos também de forma multimídia.

6.1
As tecnologias digitais do rádio

As tecnologias digitais introduziram no rádio uma nova forma de organização. A modernização das empresas foi e continua sendo um processo fundamental para o alcance dos ouvintes que agora acessam diversas plataformas. Além do desafio imposto pela internet, com a possibilidade de transmissão por *sites* e aplicativos e a concorrência formada pelas *web* rádios, a mudança mais significativa para as emissoras que transmitem sua programação por ondas hertzianas é a **digitalização do sinal**. Nos Estados

Unidos, o sistema digital de transmissão de rádio existe desde 2002. No Brasil, os primeiros testes começaram em 2005 e ainda estão em andamento. Como ocorre também no caso da televisão, para colocar esse sistema em funcionamento, é necessário optar por um padrão. No momento em que este livro é escrito, encontram-se em análise dois modelos de padrão: o americano Iboc (*in band on channel*) e o europeu DRM (*digital radio mondiale*). Ambos oferecem a possibilidade de transmissão analógica e digital na mesma frequência, para que os ouvintes que não possuem aparelhos de tecnologia digital possam igualmente ter acesso à programação. O problema agora está na demora do processo de implantação. Em 2010, o Ministério das Comunicações divulgou uma portaria com os objetivos do Sistema Brasileiro de Rádio Digital, que, entre outros aspectos, busca incentivar a indústria nacional, promover a cultura e aumentar o número de rádios universitárias. Mas houve pouca evolução desde então. As emissoras, acompanhadas pela Agência Nacional de Telecomunicações (Anatel), realizaram diversos testes dos sistemas em estudo e verificaram que eles não se adéquam à realidade brasileira. Entre os dilemas enfrentados, destacam-se o custo da operação e o conforto dos usuários. Pretende-se que o sistema opere no mesmo canal, para que a emissora possa ser sintonizada na mesma frequência que utiliza atualmente.

O que tem ocorrido até o momento é a migração das emissoras de amplitude modulada (AM) para a frequência modulada (FM).

Entretanto, isso ainda é pouco em termos de modernização. O debate no meio político tem sido bastante incipiente, muito diferente do que aconteceu com a televisão, que teve seu processo de digitalização desenvolvido de forma mais ágil. Além disso, a questão econômica é fundamental nessa discussão, uma vez que o rádio é o "primo pobre" do audiovisual no Brasil. Sem financiamento para a migração das emissoras, muitas rádios correm o risco de fechar as portas, pois o investimento médio é de cerca de R$ 300 mil para emissoras que já possuem uma base estruturada. Para o ouvinte também haverá custos, pois, para ouvir o áudio de qualidade digital, ele terá de investir em um aparelho compatível.

No entanto, o sistema oferece muitas vantagens. Além da qualidade superior do áudio, ele permite maior interação com o público. É possível, ainda, transmitir informações complementares diretamente para o *display* do receptor, como o nome da rádio ou da música executada ou alguma notícia de última hora. Outra vantagem será a multiplicação dos canais que já existem, por meio do **Simulcasting**, que possibilita que até três programas sejam transmitidos simultaneamente na mesma frequência. Dessa forma, o público pode escolher, em um mesmo canal, que programa prefere ouvir. "Essa variedade de formas de transmissão pode provocar uma reconfiguração dos atuais conteúdos e das funções sociais do rádio. Evidentemente, poderá provocar um aprofundamento da segmentação da programação para atender diferentes faixas ou segmentos da audiência" (Bianco, 2006, p. 17)

Em janeiro de 2017, a Noruega foi o primeiro país do mundo a iniciar o processo de encerramento da transmissão de seu sinal de FM. Atualmente, aquele país tem 22 estações de rádio digital. Somente cinco canais emitem por FM no país e estes terão seus sinais apagados pouco a pouco, região por região. As emissoras norueguesas passarão a transmitir integralmente pela rede de Transmissão Digital de Áudio. O governo daquele país estima que a digitalização das emissoras proporcionará uma economia de US$ 25 milhões ao ano, uma vez que, entre outros motivos, esse tipo de transmissão consome menos energia. Além da maior qualidade de áudio e de novas funcionalidades, o rádio digital possibilita veicular conteúdos mais diversificados e plurais. Por outro lado, ainda é um empreendimento arriscado, uma vez que a audiência pode migrar para outros meios de informação e entretenimento. Por esse motivo, muitos países da Europa ainda temem essa mudança.

No que diz respeito ao alcance e à distribuição do rádio, pode-se afirmar que esse é o veículo que mais se adaptou aos novos canais de transmissão. Além das ondas médias, tropicais, curtas e FM, há a possibilidade de se escutar rádio por meio da internet, em dispositivos móveis e computadores, das antenas parabólicas e das operadoras de canais fechados de televisão. Para termos uma ideia mais clara dessa realidade, podemos considerar a operadora NET, que oferece, atualmente, cerca de 40 canais de áudio, sendo 8 de rádio e os demais de músicas; já a Sky disponibiliza 32 canais musicais e 17 canais de rádio.

A forma de consumir rádio sofreu ainda mais alterações com o surgimento dos serviços de rádio *on demand* (quando o ouvinte escolhe o que e quando ouvir) e de *podcast*. Segundo Gambaro (2010), embora as pessoas ainda prefiram ouvir o conteúdo ao vivo, esses serviços agregados têm recebido cada vez mais destaque. Muitos ouvintes os utilizam como forma de complementar as informações que ouvem no meio tradicional. Por isso, emissoras transformam parte de sua programação ao vivo em conteúdo *on demand* disponibilizado no *site* para atrair e fidelizar o ouvinte.

A relação com o ouvinte também se modificou com a possibilidade de participação mais ativa na programação pelas redes sociais, por telefone e por mensagens instantâneas, bem como na qualidade de produtor de conteúdo por meio de formatos sonoros disponibilizados na internet, como rádio *web* e *podcast*. O receptor, como observam Straubhaar e LaRose (2004), adquire um papel mais ativo em função da tecnologia e confunde-se com o emissor.

As tecnologias facilitaram ainda novos negócios no rádio, como o aparecimento de empresas como a Agência Radioweb (2017), que produz conteúdo jornalístico em áudio para abastecer emissoras de todo o país; as emissoras que produzem e distribuem conteúdos exclusivamente para a *web* e interagem diretamente com seu público-alvo; os produtos radiofônicos feitos sob medida para um segmento e distribuídos *on demand*; a criação das rádios institucionais para todo e qualquer negócio; a cobertura multimídia que inclui elementos sonoros; e outras tantas inovações que não param de surgir. É um mercado em expansão, mas que ainda procura os caminhos do público, o apoio das mídias tradicionais e faz experimentos na área de produção e distribuição de conteúdo.

6.2
O rádio na internet

A relação entre rádio e internet se dá desde a década de 1990, quando a internet chegou ao Brasil. No início, as emissoras usavam seus *sites* basicamente como espaços para informar os ouvintes sobre sua programação, seus telefones, seu endereço, o perfil de seus profissionais etc. Mais tarde, no início dos anos 2000, elas descobriram que poderiam utilizar a internet para expandir suas fronteiras com uma boa qualidade de som. A partir de então, os ouvintes passaram a contar com mais um canal de transmissão em tempo real (*on streaming*) da programação da sua rádio preferida, mesmo estando longe da área de abrangência de suas antenas. Além disso, passou a ser possível escolher o que e em que momento ouvir, já que os arquivos de programas também passaram a estar disponíveis.

Do ponto de vista empresarial, como esclarecem Ferraretto e Klöckner (2010), além de compreenderem a necessidade de utilizar todos os suportes tecnológicos disponíveis para veicular seus conteúdos, as emissoras tiveram de aprender a conviver de forma crescente com *podcasters* e produtores de *web* rádios. O diálogo com o ouvinte também aumentou, assim como sua importância. No caso do jornalismo, os autores ressaltam que o setor ganha espaço principalmente nos grandes centros urbanos, onde as pessoas passam muito tempo em deslocamento e no trabalho. Para a jornada diária desses homens e mulheres, informações de utilidade pública como as que dizem respeito ao trânsito e à meteorologia são fundamentais. Espaços abertos à opinião, à análise dos fatos, a entrevistas e mesas-redondas também podem diferenciar as emissoras. Já as rádios musicais tiveram de se adaptar às novas e diferentes formas de ouvir música que não pelo rádio e agora devem apostar em conversa e informação especializada ou retomar alguns gêneros radialísticos que caíram em desuso tempos atrás, como os programas humorísticos. As emissoras populares, por sua vez, terão que optar por veicular informação, serviço e entretenimento, de forma a enfrentar a concorrência de rádios evangélicas, por exemplo, levando em consideração que seu público dispõe de cada vez mais acesso à internet, seja por meio de celulares, seja por meio de computadores.

Outra transformação importante a partir da inserção do rádio na internet é a dissolução do vínculo das emissoras com o Estado, que hoje é detentor das concessões que delimitam o espectro da radiodifusão. Para ter uma rádio na internet, não é preciso pedir autorização ou passar por trâmites legais, que, muitas vezes, são sujeitos a exigências políticas e econômicas a que poucos podem atender. As novas formas de organização permitem, portanto, que a comunicação seja mais democrática. Com essa reconfiguração, a internet, assim como as rádios comunitárias, pode viabilizar a inserção de interesses não hegemônicos no mercado radiofônico, embora tais iniciativas tenham de enfrentar diversos obstáculos para se tornarem competitivas (Brittos, 2002).

A segmentação do público e dos serviços prestados pelas emissoras também tem na internet um campo fértil. Comunidades virtuais constituídas por pessoas com interesses comuns permitem o compartilhamento de produtos específicos e personalizados. Essas redes propiciam a oportunidade de conectar virtualmente pessoas desconhecidas em prol de um interesse comum. Isso significa a ruptura do conceito de *mídia de massa*, segundo Bufarah Junior (2010), ou seja, aquela que emite para uma grande audiência. Para esse autor, a tendência é haver um emissor que também é receptor para determinado nicho.

∴ O futuro do rádio e a interação com o ouvinte

Mesmo com tudo isso, o rádio continuará existindo ou será esse o seu fim? Como a televisão e os veículos impressos, os meios tendem a ser trasladados para um só lugar: a internet. Já não falamos aqui em computadores, *tablets* ou *smartphones* porque a televisão (ou o monitor que chamamos hoje de *aparelho de TV*) também está conectada, assim como os novos aparelhos de rádio digital. Todos esses aparelhos se tornarão dependentes da conexão com a internet. E, como discutiremos mais adiante, não são canais apenas de recebimento de dados, mas também de troca, de interação. "A vida do sistema, do rádio propagado por ondas eletromagnéticas está com seus dias contados. É um fato inevitável. O rádio vai navegar no bit digital binário" (Barbeiro; Lima, 2001, p. 35).

Mas a atração do rádio para a internet e, consequentemente, para plataformas multimídias, com textos, fotografias e vídeos, segundo Meditsch (2001), não fará dele algo essencialmente multimídia. De acordo com o autor, existem três características indissociáveis que definem a especificidade do rádio: é um meio de comunicação sonoro, invisível e que transmite em tempo real. "Se não for feito de som não é rádio, se tiver imagem junto não é mais rádio, se não emitir em tempo real (o tempo da vida real do ouvinte e da sociedade em que está inserido) é fonografia, também não é rádio" (Meditsch, 2001, p. 4). Isso significa que, mesmo não sendo transmitido por ondas de radiofrequência, o rádio mantém sua essência e continua sendo rádio. Além disso, com essa definição, é possível diferenciar *web* rádio (canal de transmissão do som), *site* de emissoras (com transmissão ao vivo e outros recursos multimídia) e *site* fonográfico. Ainda conforme Meditsch (2001), o rádio vai, assim, continuar existindo e será aperfeiçoado pelas novas tecnologias. Trata-se da reconfiguração das práticas comunicativas imposta pela internet, com base na qual novos elementos são a elas incorporados. Haussen (2010, p. 169) também não acredita no fim do veículo radiofônico, uma vez que ele tem migrado para outros suportes, mas reconhece a "necessidade de adequação do mesmo a uma realidade cada vez mais volátil, veloz e tecnologicamente avançada, e ainda, a uma 'cultura do ouvir', por parte do público, também diferenciada".

A **interação** proporciona um enriquecimento da informação, mas também exige um melhor preparo do jornalista. O ouvinte deixa de ser apenas um receptor para transformar-se em um questionador, que quer entender os motivos para além da explicação aparente. Por isso, o jornalista precisa ter atenção redobrada na produção da notícia, com uma apuração mais aprofundada e objetiva, feita com base nos preceitos éticos da profissão. Como observa Hall (2005), as notícias e todas as formas de jornalismo estão agora sujeitas à análise pública e, mais do que isso, a verificação dos fatos foi simplificada pelo acesso universal a eles, assim como foi facilitada a possibilidade de comparar informações de diferentes fontes. Qualquer pessoa pode desmascarar uma notícia falsa com alguma investigação e posterior publicação em *blogs* ou até mesmo no espaço de comentários dos grandes veículos. Essa seria, segundo o autor citado, a verdadeira **comunicação democrática**. O ouvinte-*web*, conforme Barbeiro e Lima (2001), é cada vez mais exigente. Ele não quer só saber da notícia, também quer compreender qual é a influência do fato noticiado em sua vida. Isso exige que o jornalista esteja preparado e aberto ao contraditório. Além disso, a tecnologia aproxima o receptor do emissor de forma que o espectador ouve a informação e também participa dela. Essa participação, espontânea ou por incentivo do próprio emissor, ocorre com as rádios com que mais se identifica, produzindo, dessa forma, um laço recíproco de cooperação. Entre tantas opções, certamente cada ouvinte tem suas preferências, que são selecionadas com base em um sentido de reconhecimento produzido pelo conteúdo.

∴ Rádio com imagem

A internet permitiu mais do que ouvir o locutor. Agora é possível vê-lo. Muitos programas são transmitidos ao vivo pelas redes sociais e pelos *sites* das emissoras diretamente do estúdio. Câmeras instaladas aonde antes somente os profissionais do rádio tinham acesso mostram as formas de produção da notícia e de toda a programação. Algumas emissoras já transmitem quase 100% de seus programas por *streaming*. A Jovem Pan, por exemplo, conta, em média, com 20 mil pessoas que acompanham e comentam a programação dessa rádio no YouTube e no Facebook. Apenas a transmissão esportiva não é feita dessa forma, por conta dos direitos de imagem. A união entre a mobilidade do rádio e a capacidade de transmissão de imagens proporciona uma ampliação das formas de produzir e exibir a notícia. Como a internet, o rádio é instantâneo. Com imagens, seu poder de atuação aumenta, inclusive de forma comercial, de modo que agora também precisa ter a postura de um veículo multiplataforma.

Nesse contexto, é necessário – e felizmente fácil – contabilizar os seguidores da emissora nas redes sociais. No caso da Joven Pan, por exemplo, os agentes comerciais podem trabalhar com números grandiosos (Macedo, 2016): o *site* tem 10 milhões de visitantes; a página do Facebook tem 2,1 milhões de seguidores; o Twitter, 1,5 milhão; e o YouTube, 588 mil inscritos. A AM e a FM, somadas, chegam a cerca de 4 milhões de usuários.

Segundo o presidente da emissora, Antonio Augusto Amaral de Carvalho Filho, para 2017 a previsão é que um andar inteiro do prédio da empresa seja destinado à operação de vídeo. Para ele, o futuro do rádio passa pelo vídeo e, por isso, o investimento em 2016 foi de US$ 2 milhões em equipamentos. Com um mercado de faturamento diferenciado, a estratégia deve ter um retorno financeiro interessante (Macedo, 2016).

6.3
Convergência e multimidialidade no rádio

De acordo com a definição de Jenkins (2009, p. 29), *convergência* refere-se "ao fluxo de conteúdos através de múltiplas plataformas de mídia, à cooperação entre múltiplos mercados midiáticos e ao comportamento migratório dos públicos dos meios de comunicação, que vão a quase qualquer parte em busca das experiências de entretenimento que desejam". A convergência pode ser observada em diferentes níveis: tecnológico, profissional, empresarial e de conteúdo, que interagem e se complementam. No rádio, não é diferente. Nesse caso, a convergência de conteúdo e a tecnológica caminham de mãos dadas, e é preciso que seja assim para que o profissional do jornalismo consiga realizar suas tarefas de forma mais completa.

Algumas emissoras desenvolveram experiências na convergência tecnológica e de conteúdo e outras, na convergência empresarial, coordenando os veículos de um mesmo grupo. Neste último caso, podemos citar como exemplo o Grupo Bandeirantes. O programa matutino de rádio da BandNews FM é exibido também na BandNews TV, o canal por assinatura da emissora, e na Band, canal aberto, além da transmissão via *streaming* pelo *site* da emissora e pelo Facebook. No período nortuno, o Jornal da Band, exibido originalmente na Band, também é transmitido pela Band News FM e pela BandNews TV. Além disso, as redações utilizam um sistema interno que integra o conteúdo, e tudo o que é produzido, seja na televisão, seja no rádio, pode ser acessado por qualquer jornalista (Lopez, 2010b). O que se pretende com esse tipo de ação é a atualização no mercado competitivo e a busca do ouvinte também em outras plataformas. Essa adaptação a um mercado dinâmico está diretamente ligada à convergência tecnológica.

Os *sites* e aplicativos das emissoras e dos grupos de comunicação aos quais elas estão ligadas exigem também uma nova organização do produto radiofônico com novas mídias agregadas. A preocupação agora é oferecer um bom conteúdo na *web*. Como constatam Kennedy e Paula (2013), algumas emissoras já produzem programas exclusivos para a internet que não vão ao ar pelas ondas hertzianas.

Os *sites* tornaram-se, antes de tudo, portais de notícias que primam pela informação por áudio, embora contenham outros elementos. O rádio na internet adquire, assim, as características do jornalismo *on-line*. Ouvido pelo internauta, sujeito que busca mais do que uma emissora de rádio *on-line*, é preciso investir nos dados impossíveis de serem obtidos apenas ouvindo-se uma reportagem: informações mais aprofundadas sobre o assunto, fotografias, vídeos, infográficos, hipertexto, acesso a programas anteriores, informações sobre os jornalistas e meios de se comunicar com eles para uma efetiva interatividade.

Perguntas & respostas

Quais são as características do ambiente digital às quais o rádio precisa se adaptar?

É preciso que ele esteja preparado para os ambientes: da multimidialidade/convergência, que insere recursos de áudio, imagem e texto em um mesmo produto; da interatividade, que proporciona a participação do ouvinte; da hipertextualidade, com *links* e redirecionamentos para outras plataformas digitais, como redes sociais e *sites*; da personalização, que propicia um produto mais próximo do que desejam pequenos grupos; e da memória, que insere o recurso do arquivo. Todos esses elementos são fundamentais para que o veículo se insira nas novas plataformas proporcionadas pela internet.

Mas isso não significa que o rádio vai perder sua prioridade auditiva na *web*. A nova forma de organização apenas agrega alguns elementos sem afastar o veículo de sua função primordial. Nesse novo cenário, a informação em áudio deve ser prioridade. Os outros elementos precisam ser complemento, e o som deve ser valorizado, pois é a matéria-prima do radiojornalismo, mesmo em plataforma multimídia. Quando ocorre o contrário, o som como complemento ou como adorno que enriquece o conteúdo de forma decorativa (Foust, 2005), certamente não se trata de uma página dedicada ao radiojornalismo.

O **rádio hipermidiático**, transmitido por diferentes suportes, precisa manter seu foco no áudio. É justamente essa atitude que manterá o rádio vivo. Como observa Lopez (2010a, p. 414), "o áudio precisa ser independente e, ao mesmo tempo, complementar". Além disso, é preciso pensar que, mesmo tendo em vista o constante crescimento do acesso à internet, ainda há muito caminho a percorrer até que ela seja acessível a toda a população. Mesmo que hoje exista a possibilidade de ouvir o rádio pela internet, ainda é em casa ou no rádio do carro que muitos o utilizam. Segundo a Pesquisa Regular de Rádio, divulgado pela Kantar Ibope Media (Farfan, 2016b), em julho de 2016, 58% da audiência utilizava o rádio comum. Embora seja um número significativo, ainda é baixa a preferência pelas plataformas digitais: 15% dos ouvintes dizem escutar rádio pelo celular e 5%, pelo computador. Ademais, apesar de as mudanças parecerem rápidas, a transição tecnológica é lenta, porque as novidades passam por testes de viabilidade até chegarem às lojas. É necessário saber da adaptação técnica e econômica antes de começarem a circular.

> A indústria, o poder econômico, pressões competitivas e políticas, os processos de regulação atuam nesse processo dando impulso ou simplesmente barrando aquilo que julgam inconvenientes na dinâmica das forças em confronto naquele momento. Portanto, as novas tecnologias não são adotadas apenas por seus méritos e potencial inovador. Há sempre que existir uma oportunidade,

assim como motivação social, política ou razão econômica para um novo meio tecnológico ser desenvolvido. (Bianco, 2006, p. 14)

Os aparelhos digitais de rádio, já disponíveis no mercado norte-americano e europeu, são multimídia e permitem, por meio de uma tela, a apresentação de informações com vídeos, fotografias, base de dados, além de propiciar a interatividade de forma dinâmica. No Brasil, ainda se discute a digitalização do rádio, e esse cenário parece estar longe de ser resolvido. Além disso, mesmo com o processo de digitalização, as emissoras não precisarão ser, necessariamente, hipermidiáticas (Lopez, 2010a). Elas precisam é encontrar o caminho que pretendem seguir com a disponibilidade das novas plataformas.

De forma a sistematizar os estudos sobre o desenvolvimento tecnológico dos meios de informação, Lopez (2010b) propõe a classificação de convergência no rádio em três níveis, que são integrados, interdependentes e complementares e determinam as funções do veículo com base nos avanços atuais:

- **Primeiro nível**: diz respeito ao período de informatização das redações, que influenciou diretamente o jornalismo com a possibilidade de edição digital de áudios e textos. Isso permitiu que houvesse maior agilidade no processo de produção da notícia.

- **Segundo nível**: refere-se à tecnologização das etapas do processo. É o momento em que se cria um diálogo entre as ferramentas de apuração, produção e transmissão de informações, sem que se afete a estrutura do produto. Está relacionado à velocidade com que a informação é produzida e transmitida e à qualidade do som.
- **Terceiro nível**: ocorre quando a tecnologização e a inserção das tecnologias no processo de produção e transmissão da notícia afetam as definições tradicionais do veículo e suas estratégias de linguagem. É nessa etapa que surge a multimidialidade com a produção de vídeos, fotografias, textos, infográficos etc.

Contudo, como observa a autora citada, a emissora não precisa estar enquadrada em apenas um desses níveis. Como o processo é dinâmico, pode haver inserções em todos os níveis em paralelo, uma vez que eles não se excluem.

6.4
Podcasts

O *podcast* é um material digital publicado e distribuído na internet que pode ser baixado para o computador ou dispositivo móvel de um usuário com conexão à rede. O arquivo, disponível no servidor, tem, no processo de *download*, um *software* de tecnologia *Really Simple Syndication* (RSS) que permite a busca automática de arquivos de interesse do ouvinte. O RSS ou *feed*[1] tem a função de buscar arquivos na lista de endereços do assinante para baixá-los. Com a assinatura, o conteúdo é personalizado. Nos programas em *podcast*, cada vez que um episódio novo é colocado no ar o computador recebe o *download*. Pode estar disponível em *sites* de emissoras de rádio ou em canais específicos desse formato.

O termo *podcast* resulta da junção entre as palavras *Ipod*, reprodutor MP3 desenvolvido pela Apple, e *broadcast*, que significa "transmissão" (por rádio ou televisão). Essa tecnologia foi inicialmente experimentada pelo ex-VJ da MTV americana Adam Curry e pelo programador Dave Winer, em 2004, para que o público pudesse descarregar arquivos digitais em seus Ipods e utilizá-los de forma assíncrona, desvinculando os tempos de emissão e de recepção. Com isso a audiência adquiria liberdade e flexibilidade de acesso aos conteúdos. Emissoras que já têm programação ao vivo encontraram nessa funcionalidade uma forma de disponibilizar ao seu público uma programação segmentada, dividindo parte dela em formatos menores. Segundo Medeiros (2009), existem três modelos de *podcast*, classificados com base na forma de produção:

• • • • •

[1] Trata-se de uma ferramenta que informa as novidades dos *sites* aos seus seguidores. É utilizada para divulgar informações atualizadas sem que o leitor precise entrar no endereço do *blog* ou *site* para acessá-las.

1. **Modelo metáfora**: é semelhante a um programa tradicional de rádio hertziano, com elementos como locutores, músicas, vinhetas e entrevistas e com linguagem e discurso radiofônico. O fluxo de transmissão é intermitente, ou seja, não contínuo, e assíncrono. Pode ser ouvido no momento, na ordem e por meio do *player* que o ouvinte quiser.
2. **Modelo editado da grade**: é utilizado pelas emissoras quando elas editam, em forma de *podcast*, parte de sua programação que foi ao ar. Programas ou mesmo trechos deles, como comentários e reportagens, são disponibilizados. Funciona também como um arquivo de memória organizado.

> Cabe aqui salientar a diferença entre esta forma de disponibilização dos programas através dos *podcasts* e a forma de "**arquivos vivos**" que são apenas os arquivos de áudio editados e disponibilizados no *site* da emissora para *download* ou audição. Estes, no entanto, não estão indexados em formato RSS, procedimento necessário para que os arquivos atualizados sejam baixados pelos agregadores. (Medeiros, 2009, p. 9, grifo nosso)

3. **Modelo registro**: semelhante ao *audioblog*, é um *blog* em formato de áudio disponibilizado em *sites* pessoais ou coletivos.

> O que torna este modelo diferente dos *"audioblogs"* é a característica recorrente do *podcasting* quanto à sua forma de disponibilização. Uma vez criado o arquivo de áudio, este somente será chamado de *podcast* após ser indexado como arquivo RSS para poder ser assinado (*subscribed*) e baixado por um agregador. (Medeiros, 2009, p. 9-10)

No que diz respeito aos temas abordados nos *podcasts*, podem ser educativos, utilizados por canais de educação a distância e cursos de idiomas; jornalísticos, utilizados como guias de turismo; e até mesmo celebrações e cultos religiosos.

Diferentes das *web* rádios, que são como extensões das emissoras AM e FM, os *podcasts* constituem, originalmente, produtos independentes. Na atualidade, as emissoras hertzianas que transmitem sua programação pela internet e as *web* rádios também aderiram a essa modalidade para disponibilizar material transmitido ao vivo.

> Inserido na lógica da comunicação de nicho, empreendida por novos atores sociais, o *podcasting* – quando desvinculado da radiodifusão convencional – apresenta maior diversidade potencial em termos de linguagem, temática e formatos. Mesmo assim, pelo menos até aqui, a maioria reproduz estilos de locução, formatos de programas, vinhetas e outros recursos típicos do AM/FM. (Kischinhevsky, 2009, p. 231)

Em virtude dessas características, muitos autores divergem sobre o assunto: seria esse um novo meio ou uma nova modalidade de rádio? Kischinhevsky (2009) considera o rádio de forma ampla: como meio de comunicação de massa, veiculado por ondas hertzianas ou por redes digitais, que transmite e emite formas discursivas, músicas e efeitos sonoros; como dispositivo técnico por meio do qual conteúdos podem ser recebidos pela audiência, seja por fones de ouvido, seja por alto-falantes, por radiorreceptores, por celulares ou por computadores, ao vivo ou sob demanda. Sua portabilidade também permite, por exemplo, ouvir o áudio no rádio do carro. Por outro lado, Meditsch (1997) acredita que, para que possa ser entendido como rádio, é necessário que, haja transmissão em tempo real, caso contrário, seria um serviço fonográfico. Medeiros (2009) compartilha desse ponto de vista, uma vez que o *podcast* não apresenta fluxo contínuo nem serviços caracteristicamente radiofônicos, como "hora certa" e participação do ouvinte.

Assim como a rádio *web*, o *podcast* tem um baixo custo, pois pode ser produzido sem equipamentos profissionais e pode ser transmitido por computadores pessoais, além de não estar subordinado às normas de concessão de radiodifusão. Ademais, também restabelece os limites entre emissor e receptor, uma vez que este deixa de ser participativo, exceto por meio de mensagens e telefonemas à emissora. É bem verdade que ele passa a criar seu próprio conteúdo. Mas entre criar conteúdo e ter visibilidade há um longo caminho. Por isso, é necessário segmentar esse meio por assunto, localidade de abrangência, público-alvo, causas etc.

> Uma estratégia comum é veicular *podcasts* em páginas pessoais, mas listá-los também em portais especializados, para maximizar sua exposição. E, cada vez mais, estes *podcasts* vêm associados a *blogs* (uma forma de driblar as limitações intrínsecas a este tipo de emissão, possibilitando *feedback* de ouvintes, mesmo que em tempo diferido) ou *videologs*. (Kischinhevsky, 2009, p. 232)

A divulgação por redes sociais, em comunidades virtuais, também possibilita compartilhamento e audiência.

Martínez-Costa e Prata (2016) identificam os *podcasts* como uma das tendências em desenvolvimento de novos conteúdos do rádio digital. Embora no Brasil ainda não haja uma produção acelerada, no exterior os *podcasts* já se tornaram um meio importante de difusão de informação. Um dos destaques desse gênero noticioso é o projeto norte-americano *Serial* (Serial Podcast, 2017), dos criadores do programa *This American Life*[2], produzido a partir de 2014 por Sarah Koeng. O programa conta, por meio de documentário, diferentes histórias reais. Cada capítulo, que

---

2   Transmitido pela rádio pública WBEZ, de Chicago, Illinois, e disponibilizado para várias estações de rádio públicas nos Estados Unidos e também internacionalmente.

contabiliza cerca de 11 milhões de *downloads*, conta uma parte da história e, por isso, os episódios precisam ser ouvidos na ordem em que são publicados. Em termos econômicos, o negócio é bem lucrativo. Com apenas duas publicidades por episódio, os produtores faturam quase US$ 10 milhões por ano. Atualmente, o jornalismo digital feito por meio de *podcasts* é o mais lucrativo nos Estados Unidos. Segundo Doria (2016), o CPM (valor da publicidade por mil ouvintes) médio dos *podcasts* circula entre US$ 20 e US$ 45, enquanto na *web* o CPM médio de um *banner* publicitário fica abaixo de US$ 5. Esse valor se justifica pela atenção dedicada ao produto. Assim como nas séries televisivas, quando o ouvinte se apega a um programa, ele tende a tornar-se fiel. O autor comenta que a média de consumo é de seis programas por semana, que variam entre 40 minutos e 2 horas.

Com o sucesso da primeira temporada do *Serial*, empresas de comunicação como o The New York Times decidiram também investir na produção de produtos nesse formato. O grupo "tem apostado em uma nova unidade de negócios de áudio baseada no podcast e em constituir uma estrutura de aparelhos de áudio que trabalha para colocar em marcha, nos próximos meses, tanto notícias como colunas de opinião em formato de *podcasts*" (Martínez-Costa; Prata, 2016, p. 13). Empresas de mídia de outros países, como a Espanha, também mostram interesse no formato. A Prisa Radio criou, em 2016, o *Podium Podcast*, que oferece narrativas radiofônicas *on demand* em quatro linhas distintas: ficção, entretenimento, jornalismo e essenciais – esta última com o intuito de resgatar o arquivo da rádio. Os conteúdos são produzidos em suas emissoras na Colômbia, no México, no Chile, na Argentina e na Espanha. Antonio Hernández Rodicio, diretor da Cadena SER, uma das emissoras de rádio do grupo, disse em entrevista para o jornal *El País* que esse produto não era rádio, mas, sendo áudio, mantinha um laço familiar com aquele meio (Morla, 2016).

No Brasil, embora existam exemplos consolidados desse formato, ainda não se registra interesse dos grupos de mídia pela produção de conteúdo desenvolvido especificamente para *podcast*. Ainda que o mercado não tenha expressividade no país, o consumo e o interesse têm aumentado. Mesmo sem números oficiais de medição, estima-se que existam cerca de mil *podcasts* na atualidade. Exemplos como o *Nerdcast* (Jovem Nerd, 2017) e o *Café Brasil* (2017), além do *Brainstorm#9* (B9, 2017), que investem em uma família de *podcasts*, têm ótimos números de audiência e anunciantes.

> Existe o mito de que *podcasts* são consumidos essencialmente por *nerds*. Já foi assim no passado, mas atualmente essa é uma percepção equivocada. É natural que o consumo de *podcasts* seja maior pelo público mais jovem, que não consome TV e rádio como as gerações mais velhas, mas não se iluda: a mídia *podcast* está pegando todo mundo. (Segura, 2015)

A plataforma iTunes, da Apple, que há dez anos distribui *podcasts*, agora também divide espaço com outros gigantes, como o Google Music e o Spotify. Também o Deezer tem um serviço de *podcasts* no Brasil. Há também meios nacionais que hospedam *podscats*, como o portal Mundo Podcast (2017), que, além da hospedagem, auxilia a produção, a audição e a discussão do formato.

Como fazer

Embora não tenha a mesma tradição dos programas de rádio convencionais, o *podcast* pode utilizar essa liberdade para tornar-se algo criativo e experimental. Mas não basta ligar o gravador e iniciar a conversa ou o monólogo. É preciso preparar cada episódio. Além da escolha dos meios técnicos (equipamentos, *softwares*, servidores etc.), atente para os seguintes aspectos:

- **Escolha do tema**: pode ser noticioso, humorístico, educativo, entrevista. Faça uma pauta sobre o tema, levante dados sobre o assunto e o entrevistado. Quanto mais específico, mais fiel será a audiência. Mantenha o ritmo e a qualidade.
- **Periodicidade**: você precisa estabelecer um ritmo de atualização para que seus ouvintes possam acompanhá-lo com fidelidade, sem ficarem sempre na expectativa de quando sairá o próximo programa.

- **Divulgação**: faça um *blog* e abra contas em redes sociais para disponibilizar dados sobre o programa e proporcionar interação com seu público.
- **Locução**: escolha entre uma ou duas vozes. A personalidade do locutor deve se adequar ao perfil do produto.
- **Roteiro**: é importante ter um guia, mas não precisa ser algo muito rígido. Considere o tempo do programa e organize uma lista de perguntas, que poderá ser útil quando conversar com os convidados.
- **Redundância**: lembre-se de que o ouvinte faz outras atividades enquanto escuta seu *podcast*. Por isso, é preciso frisar ou até mesmo repetir informações ao longo do programa, principalmente nos de longa duração.
- **Edição**: essa é a hora de lapidar o programa, valorizando os pontos fortes e retirando os ruídos e sons inadequados. Use trilha de fundo e também deixe alguns momentos de respiro sem voz, somente com música.
- **Linguagem**: como em qualquer produto que provê informação em áudio, a linguagem do *podcast* precisa ser simples, intimista, clara e coloquial.
- **Uso de vinhetas**: elas dão ritmo e identidade ao programa, além de identificar os momentos em que haverá mudança no rumo do assunto.

> Com o produto gravado e editado, é só criar um canal de hospedagem e tornar-se visível para o público-alvo. Para esse propósito, as redes sociais são bastante importantes e até mesmo necessárias.

6.5
Uso de dispositivos móveis e aplicativos

Podemos analisar a utilização de dispositivos móveis e aplicativos no rádio sob dois pontos de vista: o da **interação** entre ouvinte e profissionais/emissoras e o da **distribuição** de conteúdo. Mas, antes, é preciso entender de que forma essas tecnologias estão presentes na vida dos cidadãos. Segundo dados da Fundação Getulio Vargas (FGV) de São Paulo, em 2016 existiam 168 milhões de *smartphones* em uso no Brasil, 9% a mais do que no ano anterior (FGV, 2016). A pesquisa prevê que em 2018 cerca de 236 milhões de aparelhos celulares estarão em uso e que cada pessoa terá dois dispositivos portáteis (incluindo *notebooks*, *tablets* e celulares). Outra pesquisa (IBGE, 2015) revelou que 77,9% dos brasileiros com 10 anos ou mais tinham celular em 2014, ou seja, 136,6 milhões de pessoas. O comportamento dos consumidores tem mudado nos últimos anos, com a diminuição do acesso à internet por computadores pessoais e o aumento via celular. De acordo com o relatório norte-americano *State of the*

News Media 2015 (Mitchell; Page, 2015), do Pew Research Center, 78% dos 50 principais *sites* de notícias digitais recebem mais visitas de dispositivos móveis do que de computadores *desktop*.

Com base nesses dados, é fácil percebermos a importância da utilização dessas ferramentas de comunicação. Embora o rádio tenha, desde seus primórdios, estimulado a participação do ouvinte como um elemento importante na programação, foi com a chegada do telefone, e atualmente com os aplicativos de mensagem e redes sociais, que isso passou a ser mais frequente. Pedir uma música, dar uma opinião ou sugestão ou participar como fonte da programação jornalística tornou-se comum. Esses novos modos de interação não mudaram só a forma de comunicação entre receptores e meios, reorganizaram também o modo de produção e consumo da própria notícia. Além de redes sociais como Twitter e Facebook, é preciso considerar a utilização do aplicativo de mensagens instantâneas WhatsApp, que é a forma mais produtiva de interação. Vídeos e fotografias podem ser enviados para serem utilizados no *site* da emissora. Além disso, mensagens de texto e de áudio passam a fazer parte da programação, na condição de fontes. Opiniões dos ouvintes sobre temas corriqueiros ou factuais alternam-se com informações sobre o trânsito dos locais por onde eles passam. Com a falta de uma presença mais intensa de equipes nas ruas, em virtude de ajustes econômicos das emissoras, a voz da comunidade pode ser resgatada por meio dessas ferramentas. No estúdio, os apresentadores utilizam o

WhatsApp Web, que permite que o aplicativo seja acessado na tela de computador, de modo que se possa gerenciar o conteúdo de entrada com muito mais eficiência, para o caso de utilização em programas ao vivo.

Na BBC de Londres, por exemplo, esse recurso é cada vez mais empregado. Em 2015, a primeira informação sobre um acidente na montanha-russa de um parque de diversões em Staffordshire, na Inglaterra, foi enviada por uma mensagem proveniente de uma pessoa que estava no local. A emissora de rádio e televisão britânica, por meio da seção BBC Have Your Say (BBC News, 2017), havia criado uma conta para receber mensagens poucos meses antes.

O material que chega pelo aplicativo é mais rápido do que o enviado por *e-mail* ou pelo *site*. É claro que a checagem dos fatos continua sendo a tarefa primordial do jornalista, que não pode publicar qualquer fato antes de avaliar sua veracidade. A vantagem é que a mensagem pode até ser anônima, mas é possível saber o número e o código telefônico do remetente. Além disso, há uma conexão instantânea. Quando o contato é feito por *e-mail*, por exemplo, é necessário enviar uma reposta e aguardar pela verificação.

No que diz respeito à distribuição de conteúdo, é visível o interesse das emissoras pela crescente inserção do rádio nos dispositivos móveis, seja por meio de receptores no aparelho, seja pela internet. A Associação Brasileira de Empresas de Rádio e Televisão (Abert) realiza, desde 2014, uma campanha para sensibilizar a indústria a fabricar aparelhos com receptor de rádio FM e ampliar sua venda. Segundo pesquisa de 2016 da Abert, 78% dos aparelhos já vêm com *chip* de rádio integrado (Farfan, 2016a). A Associação das Emissoras de Radiodifusão do Paraná (Aerp) também criou uma campanha para incentivar a preferência por esses aparelhos, que oferecem vantagens como o baixo consumo de energia e a economia, já que não consomem dados e o fone de ouvido funciona como antena.

Além de sintonizar o rádio via receptor, há também a possibilidade de ouvi-lo por meio de aplicativos e *sites*, que contam com audiência crescente. Esse novo cenário é uma realidade que alcança uma parte importante da população. Dados divulgados em 2016 pelo Instituto Brasileiro de Geografia e Estatística (IBGE)[3] mostram que o telefone celular é o meio mais usado para acessar a internet, ultrapassando pela primeira vez o computador. Essa pesquisa, feita em 2014, revela que mais da metade (54%) dos 67 milhões de domicílios brasileiros passaram a ter internet naquele ano. Além disso, 80,4% dos entrevistados disseram acessar a internet pelo celular, enquanto 76,6% usavam o computador com essa finalidade. O acesso por meio de *tablet*, celular e televisão cresceu 137,7% em relação ao ano anterior.

[3] Suplemento de Tecnologias de Informação e Comunicação (TIC) da Pesquisa Nacional por Amostra de Domicílios (Pnad) (IBGE, 2015).

A Abert chegou a criar um projeto de inclusão *mobile* digital chamado *Mobilize-se*, composto por três iniciativas: o integrador de rádios, aplicativo que pode ser baixado para ouvir rádios de todo o país e reúne mais de mil emissoras; aplicativos exclusivos para cada emissora, que permitem acompanhar a audiência, interagir com os ouvintes e outras funcionalidades; e o Portal Mobilize-se Play. O integrador é gratuito e dá acesso ao portal. Um curso a distância ensina a empresários e radialistas as tendências do rádio no Brasil e no mundo, além de ajudar a otimizar as possibilidades de interação *on-line*.

Além da distribuição de conteúdo nos aplicativos próprios das emissoras ou nos que reúnem diversas rádios, como TuneIn ou MyTuner, existe a transmissão via redes sociais e sistemas de mensagem instantânea.

Embora existam alguns exemplos, ainda é tímido e isolado o interesse em produzir material radiofônico exclusivamente para redes sociais ou aplicativos de mensagem instantânea. O mais comum é disponibilizar o ícone nas páginas de veículos de comunicação com versão digital para compartilhamento nas redes de contatos ou enviar alertas informativos para usuários cadastrados por meio do Broadcast List (que envia mensagens a grupos sem conectar as pessoas entre si), uma vez que os aplicativos de mensagens funcionam como competentes direcionadores do tráfego para outras plataformas, mais tradicionais.

Ainda que não seja possível identificar o alcance e as formas de uso do radiojornalismo nas pesquisas realizadas sobre a relação entre o rádio e as novas formas de distribuição, é evidente que essas ferramentas móveis significam novos meios de acesso ao conteúdo informativo. Nesses novos espaços, é preciso buscar a adequação necessária para conquistar um público novo e manter o antigo, auxiliando-o a utilizar essas formas alternativas de acesso. Como observam Lopez e Freire (2015), um dos desafios dessa nova conjuntura é a mobilidade. "A narrativa multimídia de emissoras de rádio, que tem se intensificado nos *sites* a partir de iniciativas pontuais, e pode ser explorada em dispositivos móveis encaminhando-se para a composição de uma narrativa jornalística transmedia e imersiva [sic]" (Lopez; Freire, 2015, p. 172).

Algumas emissoras transmitem programas de rádio diretamente dos estúdios para as redes sociais. Mas isso só é viável com a disponibilização de imagens do local. O áudio, sozinho, não é um material atrativo nesses ambientes. Como as redes sociais são extremamente visuais, mesmo que um conteúdo sonoro seja interessante, uma transmissão dificilmente terá atenção sem o apoio da imagem. Por outro lado, elas são excelentes ferramentas de compartilhamento e, conforme Kischinhevsky (2014), amplificam a circulação de conteúdos para escuta sob demanda e auxiliam em sua distribuição em redes sociais com amplo alcance.

Já no caso de aplicativos de mensagem instantânea, o áudio, justamente por ser a principal ferramenta utilizada na comunicação entre os usuários, encontra um ambiente mais familiar. O WhatsApp pode funcionar também como uma espécie de *player* para informações breves em formato de *podcast*. Algumas *web* rádios já compartilham material gravado via WhatsApp, mas não como peças exclusivas para esse sistema. Além disso, esse tipo de plataforma estimula a comunicação individual ou em pequenos grupos, o que torna também a mensagem mais customizada. A questão da privacidade também é importante, uma vez que essa plataforma é mais confiável nesse aspecto do que as redes sociais, cujas contas pessoais podem ser observadas por terceiros.

Conforme Barot (2015), a emissora britânica BBC testou a distribuição de informações de saúde em áudio via WhatsApp durante a crise do ebola na África Ocidental, em 2014. Além de programas especiais para o serviço mundial de rádio da emissora, as notícias via mensagem instantânea ofereciam atualização sobre a propagação do vírus e dicas de como reduzir o risco de contágio pela doença, de como identificar os sintomas e de onde obter socorro. Como não havia tempo hábil para desenvolver um aplicativo específico, a ideia mais eficaz para alcançar as pessoas era por meio de um aplicativo que elas já usavam. A emissora já havia experimentado esse esquema com êxito durante as eleições indianas de 2014. O serviço humanitário foi chamado de

BBC's Ebola WhatsApp Information Service e transmitia informações em inglês e francês, para maximizar o público potencial que poderia beneficiar-se dele. Segundo dados de 2015 da BBC, o número de assinantes chegava a 19 mil pessoas, a maioria da África Ocidental: Serra Leoa, Nigéria e Gana eram os países com mais inscritos, mas também havia números de telefone da Libéria, da Guiné, do Mali, da Tanzânia, do Quênia e de Uganda. Para participar, era necessário enviar a palavra *join* para o número disponibilizado pela emissora. Para cancelar a inscrição, bastava enviar a mensagem *stop*.

Ainda de acordo com Barot (2015), o serviço se concentrava em três tipos de conteúdo: mensagens de texto, imagens e clipes de áudio curtos. Vídeos não foram utilizados porque poderiam ser muito grandes para o limite de dados dos usuários. As postagens eram feitas três vezes ao dia para que não se tornassem uma espécie de *spam*. Os parâmetros editoriais eram bem delimitados: conteúdo de serviço público e notícias que afetassem diretamente as pessoas da região; linguagem simples e de fácil compreensão, curta e direta. As dúvidas que chegavam por mensagem de retorno eram pesquisadas e, na sequência, transformadas em conteúdo jornalístico de áudio. Essa interação possibilitou perceber quais informações realmente eram úteis e que pontos era necessário abordar com mais frequência. Histórias pessoais recebidas pelo aplicativo foram mais tarde utilizadas na cobertura de TV, rádio e internet. Os áudios foram também compartilhados com rádios FM em todo o continente. No SoundCloud foram criadas contas em francês e inglês, de forma a fornecer *feeds* para que os parceiros do projeto pudessem fazer *download* dos arquivos.

Na África do Sul, uma experiência de rádio no aplicativo WeChat, semelhante ao WhatsApp, iniciada em 2014 por um ex-apresentador de rádio, tentava fazer a fusão entre rádio *on-line*, redes sociais e plataformas de mensagens instantâneas. Os *podcasts* eram ouvidos *on demand* e o canal era atualizado diariamente. Passou a funcionar também como um canal de atendimento aos ouvintes, levando em conta os planos de dados deles, por isso, oferecia fluxos de áudio de baixa e alta resolução (MacGuire, 2014).

No Brasil, existem alguns exemplos isolados, mas nenhum de cunho jornalístico. O radialista Marcos Wor criou a Rádio Voice (2017) exclusivamente para ser transmitida em um grupo no WhatsApp. Os participantes pedem as músicas no grupo e o gerenciador do conteúdo as envia para todos, que podem baixar os arquivos e ouvi-los. Quando o programa está prestes a iniciar, o radialista muda o *status* do grupo para "no ar", como forma de sinalizar o fato aos ouvintes. Essa rádio veicula três programas: *Manhã Notícia*, *Tarde Sertaneja* e *Flash Back*. Para participar dela, basta enviar uma mensagem para o grupo.

No Facebook, também há um projeto semelhante, feito para o público feminino: a Rádio Ella FM. Essa rádio trabalha com *podcasts* sobre temas como tecnologia, finanças e investimento, que vão ao ar sem horário fixo. Um alerta do Facebook avisa quando o programa está pronto (Martínez-Costa; Prata, 2016).

Mas, mesmo com bilhões de usuários ativos em vários aplicativos, o que possibilita a criação de grandes audiências com bastante rapidez, quais seriam os motivos de não haver investimento no compartilhamento de conteúdo por esse canal? A cautela que se observa por parte da mídia, aspecto que a leva a não adentrar o terreno das mensagens instantâneas, pode estar ligada aos seguintes fatores:

- Esses ambientes apresentam um caráter íntimo e, assim, tal prática consistiria em uma intrusão em um círculo de contatos que estabelecem uma comunicação mais pessoal.
- Para que se esteja inscrito nos grupos de compartilhamento de informação, existe a necessidade de associar um número de telefone à conta, o que também pode despertar receio por parte dos usuários quanto à disponibilização de seus dados.
- Como as organizações realizam seus planejamentos de pessoal e econômico por meio de ferramentas analíticas, isso pode ser um problema no caso dos aplicativos de mensagens, pois estes não disponibilizam esse tipo de dados em tempo real.
- Trata-se de plataformas de uso muito recente, cujos recursos ainda estão sendo desenvolvidos e explorados.

- As mídias sociais e de mensagem instantânea estão cada vez mais fragmentadas, com o lançamento constante pelo mercado de novos canais, o que dificulta o desenvolvimento de um projeto destinado a um meio que pode acabar tendo vida curta.
- Esses canais não demonstram interesse em oferecer ferramentas de edição ou de interface que agreguem recursos necessários para a criação e o envio de mensagens multimídia, já que são destinados à conexão entre amigos, colegas e familiares.

Como fazer

Com base nessas experiências, observamos que é necessário seguir alguns passos para o desenvolvimento de notícias em suporte de áudio para os tipos de plataforma que acabamos de examinar:

- O primeiro passo é dispor de um telefone celular ou *chip* exclusivo para esse propósito. Utilizar um número pessoal pode cercear a privacidade do produtor, que precisará dividir-se entre seus contatos e os usuários do projeto.
- É importante que exista uma identidade visual a ser usada como imagem de perfil na nova conta e em materiais de divulgação.

- Em vez de trabalhar com grupos, nos quais todos podem ter acesso às mensagens uns dos outros, o ideal é trabalhar com o recurso "lista de transmissão", do WhatsApp, que manda mensagens de um para vários usuários em apenas uma direção. Quando o produtor do conteúdo envia a mensagem ao grupo, as possíveis repostas são enviadas apenas para ele e não para todos os membros. Os usuários não têm acesso a detalhes de membros do grupo nem sabem quantas pessoas fazem parte dele.
- É preciso delimitar a periodicidade e até mesmo os horários do envio de informações, para que o usuário se habitue às mensagens.
- A linguagem deve ser simples e conter recursos do gênero radiofônico, que atraiam o ouvinte e também facilitem a escuta.
- Além do áudio, é importante enviar um apoio de texto com o assunto abordado no material.
- É preciso que o serviço exista também em outra plataforma – como redes sociais, *blogs* ou *sites* –, para que se possa promovê-lo e explicá-lo. Os usuários é que adicionam o canal aos seus contatos e não basta segui-lo, como acontece em outras plataformas. Por isso, é preciso estar na vitrine. Isso propicia que se constitua um público segmentado e que ele seja fidelizado. Para isso, o conteúdo deve suprir as necessidades informativas daquele público.

- As inscrições podem ser feitas com o envio de mensagens. É possível criar uma regra para o acesso dos usuários, pedindo-lhes o envio de uma palavra-chave para a entrada e outra para a saída do grupo.
- O número de mensagens enviadas deve ser controlado. Alguns serviços de notícias podem delimitar um número de envios por dia. Outros podem funcionar com atualizações, conforme o surgimento de notícias importantes. Por isso, a segmentação é essencial. Enviar, a todo momento, notícias importantes de diferentes assuntos pode prejudicar a relação com o usuário.
- O uso de fontes é indispensável para que o serviço se configure como audiojornalismo, e é fundamental que sejam seguidos os preceitos que configuram essa prática. A apuração e o envio de mensagens de utilidade pública são importantes, mas adicionar a isso entrevistas e sonoras pode assegurar credibilidade. Não se trata simplesmente de gravar um áudio com uma notícia. É preciso lapidar a informação e enviá-la da forma mais completa possível.
- É preciso estar preparado para a interação. Dependendo do número de inscritos, pode haver a necessidade de se dedicar mais tempo para responder às mensagens e avaliar seus conteúdos.

Síntese

Neste último capítulo da obra, tratamos das novas ambiências sonoras. As tecnologias digitais têm revolucionado o rádio, tanto em sua forma de produção quanto em sua distribuição. Nossa intenção era que você entendesse como as emissoras têm se comportado nesse novo cenário que a internet proporciona. Discorremos sobre os novos ambientes multimídia e de convergência midiática em que o rádio está inserido, de modo que você compreendesse as novas funções que o jornalista precisa estar apto a desempenhar. Por meio dos *podcasts*, por exemplo, uma nova rotina se impõe aos produtores e aos consumidores de produtos sonoros. Também buscamos ajudá-lo a entender, como essa ferramenta funciona e como podemos aplicá-la na prática. O mesmo ocorre com os dispositivos móveis e os aplicativos, que levam para outras esferas o produto radiofônico.

Questões para revisão

1. No que diz respeito à interação entre o emissor e o receptor do rádio, é **incorreto** afirmar:
    a) A participação do ouvinte com dados e impressões sobre os assuntos tratados enriquece a informação.
    b) O ouvinte atual é menos exigente porque tem outras fontes de notícias.

c) O ouvinte não quer saber somente o que acontece, mas também como a notícia pode influenciar sua vida.

d) A interação exige um melhor preparo do jornalista, que precisa ajudar a audiência a entender a notícia para além da explicação superficial.

2. Sobre o modo de produção e distribuição de *podcasts*, indique se as afirmativas a seguir são verdadeiras (V) ou falsas (F):

( ) Quanto mais amplo o tema, melhor. O importante é ter quantidade e não qualidade de audiência.

( ) No Brasil, as empresas de mídia interessam-se pelo produto que já integra os grandes portais de notícia.

( ) Nos Estados Unidos, trata-se do produto digital mais valorizado no mercado publicitário.

( ) O *podcast* pode se valer da liberdade para se tornar criativo e experimental.

Assinale a alternativa que indica a sequência correta:

a) V, V, V, V.
b) V, F, V, F.
c) F, F, V, V.
d) F, V, F, V.

3. A maioria das rádios possui um *site* no qual disponibilizam informações institucionais. Algumas delas se transformaram em verdadeiros portais de notícia. Sobre isso, assinale a alternativa **incorreta**:

a) Elementos como fotos, textos e vídeos, nos *sites* das rádios, precisam ser um complemento à informação sonora, e não seus produtos principais.

b) Os *sites*, juntamente com as redes sociais, são canais de interação com o público.

c) O *site* pode ser um local para alocar informações sobre locutores e programação.

d) Os *site*s não devem ser usados para transmitir rádio ao vivo, pois isso tira a audiência da rádio ouvida pelo *dial*.

4. No ambiente multimídia, o que o rádio precisar fazer para não se afastar de sua função primordial?

5. De que forma as rádios têm agregado vídeos às suas transmissões e como isso pode modificar sua forma de produção e distribuição?

Estudo de caso

O rádio na internet: análise dos *sites* das emissoras AM *all news*

Observando o comportamento na internet das rádios AM de segmento *all news* no Brasil, percebemos que, mais do que se dedicar ao elemento sonoro, também é fundamental trabalhar com conteúdos em diferentes suportes. A análise dos *sites* das rádios Bandeirantes AM, Jovem Pan AM, Guaíba AM, Eldorado AM e Gaúcha AM mostra ainda sua inserção em grandes conglomerados de mídia que diversificam sua oferta informativa em diferentes canais, entre eles o rádio. Ou seja, para conseguir manter-se no ar, é necessário o respaldo de uma empresa consolidada também em outros setores da comunicação, de forma a proporcionar um trabalho convergente. Isso reduz os gastos com pessoal, uma vez que os jornalistas multimídia podem ser aproveitados em diversos veículos e ampliam seus canais de atuação.

Dois dos mais importantes portais de notícias hospedam emissoras: o R7, com a Rádio Guaíba, e o UOL, com a Jovem Pan. A Bandeirantes, claramente voltada ao setor esportivo, também é hospedada no UOL, assim como outros veículos da Rede

Bandeirantes de Comunicação. O *site* Território Eldorado é acessado por meio do *site* do jornal *O Estado de S. Paulo*. Já a Rádio Gaúcha, que faz parte do Grupo RBS, insere-se no portal ClicRBS.

As páginas de abertura desses *sites* exibem os assuntos mais recentes, com uso de imagens. Textos e fotografias complementam, assim, o material sonoro. Todas possuem canal de transmissão da programação em tempo real e têm direcionamento para as suas redes sociais. Somente a rádio Guaíba deixa disponível seu número de WhatsApp. O arquivo dessas emissoras também aparece em destaque, com programas, reportagens, comentários de colunistas e até mesmo, em alguns casos, narração dos gols da rodada. A transmissão em vídeo é posta em destaque pela Jovem Pan, que coloca na capa de seu *site* os programas emitidos, com imagem.

Esse cenário é representativo das novas configurações pelas quais passa o rádio na atualidade, as quais vêm modificando a forma de se fazer radiojornalismo e de se apresentar a informação na era digital. Ainda é necessário, porém, lembrar que a observação visual desse ambiente virtual não pode ser totalmente transposta para a análise qualitativa do rádio, já que seus portais são apenas um complemento à informação e não podem, nem conseguem, mostrar a total utilidade, a linguagem e as características do meio sonoro.

Para concluir...

O rádio é acompanhado pela sombra da tecnologia. Ela modifica aspectos da linguagem, do mercado, do profissional e da audiência. Por isso, não é possível falar do veículo sem, a cada passo, pensar na tecnologia. O radiojornalismo nasceu como jornal falado, com todas as palavras rebuscadas que o meio impresso trazia. Era estático. Evoluiu para o tom conversado e deu asas aos repórteres, que agora precisam apenas de um telefone para entrar ao vivo. Caminha hoje na velocidade da internet e por ela, às vezes, é guiado. O ouvinte não tem só nome e sobrenome: ele tem rosto e perfil nas redes sociais. Todos esses aspectos, e muitos outros, precisam ser discutidos e analisados para se encontrar a melhor forma de fazer jornalismo no rádio. Não bastam um microfone e uma boa ideia na cabeça. É preciso inovação, criatividade e habilidades de toda ordem.

Nesta obra, buscamos na história e nas políticas de comunicação algumas pistas para entendermos os motivos que levam o radiojornalismo atual a ser como é. Procuramos atentar às novas configurações do mercado para compreendermos como tais aspectos modificam as rotinas e narrativas radiofônicas. Tudo isso sem nos esquecermos de que ainda existe o rádio tradicional, no qual nos apoiamos para refletir sobre a era digital em que vivemos.

A comunidade local, a cultura, a educação e outros assuntos urgentemente necessários têm de ser abordados de forma mais complexa e precisam de mais espaço no rádio hertziano, como já adquirem nos novos formatos. É esse rádio tradicional que chega às pessoas com menos acesso à informação proveniente de outras fontes, usuários que nem sempre têm acesso à internet para, por meio dela, se aprofundarem sobre determinado assunto. Por isso, não podíamos deixar de tratar desse tema, na esperança de que os leitores desta obra possam modificar o mercado profissional para melhor, aprimorando o que já é bom e criando produtos que possam realmente ser úteis e que, de alguma forma, beneficiem a vida do "amigo ouvinte".

Referências

AGÊNCIA RADIOWEB. Disponível em: <https://www.agenciaradioweb.com.br/paginainicial>. Acesso em: 18 set. 2017.

B9. Disponível em: <http://www.b9.com.br/>. Acesso em: 18 set. 2017.

BAHIA, J. **Jornal, história e técnica**: história da imprensa brasileira. São Paulo: Ática, 1990. v. 1.

BARBEIRO, H.; LIMA, P. R. **Manual de radiojornalismo**: produção, ética e internet. Rio de Janeiro: Campus, 2001.

BARBOSA FILHO, A. **Gêneros radiofônicos**: os formatos e os programas em áudio. São Paulo. Paulinas, 2003.

BAROT, T. How BBC Ebola WhatsApp Service Is Battling Virus and Finding Great Stories. **BBC Blog**, 5 Feb. 2015. Disponível em: <http://www.bbc.co.uk/blogs/collegeofjournalism/entries/0f944ab7-9f96-4091-a927-db826630d997>. Acesso em: 13 set. 2017.

BBC NEWS. **Drakelow Tunnels Cannabis Farm Man Jailed**. 30 Aug. 2016. Disponível em: <http://www.bbc.com/news/uk-england-hereford-worcester-37221343>. Acesso em: 13 set. 2017.

_____. **Have Your Say**. Disponível em: <http://www.bbc.com/news/have_your_say>. Acesso em: 13 set. 2017.

BELTRÃO, L. **Jornalismo opinativo**. Porto Alegre: Sulina, 1980.

BIANCO, N. R. del. As forças do passado moldam o futuro. **Revista da Set – Sociedade Brasileira de Engenharia de Televisão e Telecomunicações**, São Paulo, v. 21, n. 85, p. 12-18, abr. 2006. Disponível em: <http://www.set.org.br/revista-da-set/as-forcas-do-passado-moldam-o-futuro/>. Acesso em: 13 set. 2017.

BRASIL. Constituição (1988). **Diário Oficial da União**, Brasília, DF, 5 out. 1988. Disponível em: <https://www.planalto.gov.br/ccivil_03/constituicao/constituicao.htm>. Acesso em: 13 set. 2017.

BRASIL. Decreto n. 21.111, de 1 de março de 1932. **Diário Oficial da União**, Poder Executivo, Rio de Janeiro, 4 mar. 1932. Disponível em: <www2.camara.leg.br/legin/fed/decret/1930-1939/decreto-21111-1-marco-1932-498282-publicacaooriginal-81840-pe.html>. Acesso em: 13 set. 2017.

_____. Decreto n. 2.615, de 3 de junho de 1998. **Diário Oficial da União**, Poder Executivo, Brasília, DF, 4 jun. 1998a. Disponível em: <www.planalto.gov.br/ccivil_03/decreto/D2615.htm>. Acesso em: 13 set. 2017.

_____. Decreto n. 8.139, de 7 de novembro de 2013. **Diário Oficial da União**, Poder Executivo, Brasília, DF, 8 nov. 2013. Disponível em: <www.planalto.gov.br/ccivil_03/_ato2011-2014/2013/decreto/d8139.htm>. Acesso em: 13 set. 2017.

_____. Decreto-Lei n. 236, de 28 de fevereiro de 1967. **Diário Oficial da União**, Poder Executivo, Brasília, DF, 28 fev. 1967. Disponível em: <www.planalto.gov.br/ccivil_03/Decreto-Lei/Del0236.htm>. Acesso em: 13 set. 2017.

_____. Lei n. 4.117, de 27 de agosto de 1962. **Diário Oficial da União**, Poder Legislativo, Brasília, DF, 17 dez. 1962. Disponível em: <http://www.planalto.gov.br/ccivil_03/leis/L4117.htm>. Acesso em: 13 set. 2017.

_____. Lei n. 9.612, de 19 de fevereiro de 1998. **Diário Oficial da União**, Poder Legislativo, Brasília, DF, 20 fev. 1998b. Disponível em: <www.planalto.gov.br/ccivil_03/leis/L9612.htm>. Acesso em: 13 set. 2017.

_____. Lei n. 10.610, de 20 de dezembro de 2002. **Diário Oficial da União**, Poder Executivo, Brasília, DF, 23 dez. 2002. Disponível em: <www.planalto.gov.br/ccivil_03/LEIS/2002/L10610.htm>. Acesso em: 13 set. 2017.

BRASIL. Congresso. Câmara dos Deputados. **Conheça a Rádio Câmara**. Disponível em: <http://www.camara.leg.br/internet/radiocamara/default.asp?lnk=CONHECA-A-RADIO-CAMARA&selecao=INSTITUCIONAL>. Acesso em: 18 set. 2017a.

_____. **Por que o rádio digital demora tanto?** 8 mar. 2016. Disponível em: <http://www2.camara.leg.br/camaranoticias/radio/materias/PAPO-DE-FUTURO/504893-POR-QUE-O-RADIO-DIGITAL-DEMORA-TANTO.html>. Acesso em: 18 set. 2017.

BRASIL. Congresso. Câmara dos Deputados. Projeto de Lei n. 1.048, de 21 de maio de 2003. Acrescenta dispositivo à Lei n. 4.117, de 27 de agosto de 1962, que "Institui o Código Brasileiro de Telecomunicações". Disponível em: <http://www.camara.gov.br/proposicoesWeb/fichadetramitacao?id Proposicao=116515>. Acesso em: 13 set. 2017.

BRASIL. Portal da Saúde. **Dengue**. Disponível em: <http://portalsaude.saude.gov.br/index.php/o-ministerio/principal/secretarias/svs/dengue>. Acesso em: 18 set. 2017b.

BRASIL. Supremo Tribunal Federal. **Rádio Justiça**. Disponível em: <http://www.stf.jus.br/portal/cms/verTexto.asp?servico=noticiaNoticiaRadio Justica>. Acesso em: 18 set. 2017c.

BRITTOS, V. C. O rádio brasileiro na fase da multiplicidade da oferta. **Verso & Reverso**, São Leopoldo, v. 16, n. 35, p. 31-54, jul./dez. 2002.

BUCCI, E. Sobre a independência das emissoras públicas no Brasil. **Eptic Online**, v. 15, n. 2, p. 121-136, maio 2013. Disponível em: <https://seer.ufs.br/index.php/eptic/article/view/944/816>. Acesso em: 13 set. 2017.

BUFARAH JUNIOR, A. O rádio diante das novas tecnologias de comunicação: uma nova forma de gestão In: FERRARETTO, L. A.; KLÖCKNER, L. (Org.). **E o rádio?** Novos horizontes midiáticos. Porto Alegre: EdiPUCRS, 2010. p. 577-592.

BURCHELL, M.; ROBIN, J. **A melhor empresa para trabalhar**: como construí-la, como mantê-la e por que isso é importante. Tradução de Francisco Araújo da Costa. Porto Alegre: Bookman, 2012.

BUSTAMANTE, E. (Org.). **Hacia un nuevo sistema mundial de comunicación**: industrias culturales en la era digital. Barcelona: Gedisa, 2003.

CAFÉ BRASIL. Disponível em: <http://www.portalcafebrasil.com.br/todos/podcasts/>. Acesso em: 13 set. 2017.

CAPARELLI, S. **Comunicação de massa sem massa**. São Paulo: Summus, 1986.

CARMONA, E.; LEITE, G. Rádio, povo e poder: subserviência e paternalismo. In: MELO, J. M. de (Org.). **Populismo e comunicação**. São Paulo: Cortez, 1981. p. 125-133.

CARVALHO, A. (Coord.). **Manual de jornalismo em rádio**: Rádio Itatiaia. Belo Horizonte: Armazém de Idéias, 1998.

CAUDURO, F. O **homem que apertou o botão da comunicação**. Porto Alegre: Feplam, 1977.

CHANTLER, P.; HARRIS, S. **Radiojornalismo**. São Paulo: Summus, 1998.

COSTA, L. M.; COSTA, P. C. de A. Rádio web: o mundo é logo ali. In: KLÖCKNER, L.; PRATA, N. (Org.). **História da mídia sonora**: experiências, memórias e afetos de norte a sul do Brasil. Porto Alegre: EdiPUCRS, 2009. p. 499-517.

CUNHA, M. Não é mais possível pensar o rádio como antes. **Razón y Palabra**, México, n. 48, dic. 2005/enero 2006.

____. O rádio na nova ecologia de mídia. In: ZUCULOTO, V.; LOPEZ, D. C.; KISCHINHEVSKY, M. (Org.). **Estudos radiofônicos no Brasil**: 25 anos do Grupo de Pesquisa Rádio e Mídia Sonora da Intercom. São Paulo: Intercom, 2016. p. 343-357. (Coleção GP's E-books, v. 22).

DOG CAT RADIO. Disponível em: <http://www.dogcatradio.com/>. Acesso em: 13 set. 2017.

DORIA, P. O 'boom' dos podcasts. **O Globo**, 15 abr. 2016. Disponível em: <http://oglobo.globo.com/economia/o-boom-dos-podcasts-19089495>. Acesso em: 13 set. 2017.

FARFAN, T. Pesquisa da Abert mostra celulares com acesso à TV e rádio. **Abert**, 6 abr. 2016a. Disponível em: <http://www.abert.org.br/web/index.php/notmenu/item/24875-pesquisa-da-abert-mostra-celulares-com-acesso-a-tv-e-radio>. Acesso em: 13 set. 2017.

____. Você sabia? **Abert**, 13 jul. 2016b. Disponível em: <http://www.abert.org.br/web/index.php/notmenu/item/25064-voce-sabia>. Acesso em: 13 set. 2017.

FC BARCELONA. **R@dio Barça**. Disponível em: <https://www.fcbarcelona.com/club/radio-barca>. Acesso em: 18 set. 2017.

FERRARETTO, L. A. Alterações no modelo comunicacional radiofônico: perspectivas de conteúdo em um cenário de convergência tecnológica e multiplicidade da oferta. In: FERRARETTO, L. A.; KLÖCKNER, L. (Org.). **E o rádio?** Novos horizontes midiáticos. Porto Alegre: EdiPUCRS, 2010. p. 539-556.

FERRARETTO, L. A. Inquietudes e tensionamentos: pistas para a compreensão do futuro do rádio comercial em sua fase de convergência. **Intexto**, Porto Alegre, n. 34, p. 214-235, set./dez. 2015. Disponível em: <http://seer.ufrgs.br/index.php/intexto/article/view/58408/35426>. Acesso em: 18 set. 2017.

____. Rádio e capitalismo no Brasil: uma abordagem histórica. In: HAUSSEN, D. F.; BRITTOS, V. C. (Org.). **Economia política, comunicação e cultura**: aportes teóricos e temas emergentes na agenda política brasileira. Porto Alegre: EdiPUCRS, 2009. p. 93-112. (Coleção Comunicação, 45).

____. **Rádio**: o veículo, a história e a técnica. 3. ed. Porto Alegre: Doravante, 2007.

____. **Rádio**: teoria e prática. São Paulo: Summus, 2014.

FERRARETTO, L. A.; KLÖCKNER, L. (Org.). **E o rádio?** Novos horizontes midiáticos. Porto Alegre: EdiPUCRS, 2010.

FGV – Fundação Getulio Vargas. **27ª Pesquisa Anual do Uso de TI**. 2016. Disponível em: <http://eaesp.fgvsp.br/sites/eaesp.fgvsp.br/files/pesti2016gvciappt.pdf>. Acesso em: 18 set. 2017.

FIDALGO, A. O ensino do jornalismo no e para o século XXI. In: FIDALGO, A.; SERRA, P. (Org.). **Informação e comunicação online**: jornalismo online. Covilhã: Universidade da Beira Interior, 2003. p. 179-188. v. 1. Disponível em: <http://www.labcom-ifp.ubi.pt/ficheiros/20110829-fidalgo_serra_ico1_jornalismo_online.pdf>. Acesso em: 13 set. 2017.

FOUST, J. C. **Online Journalism**: Principles and Practices of the News For the Web. Scottsdale: Holcomb Hathaway, 2005.

GAMBARO, D. Rádio, tecnologias e audiências: as apostas das formas atuais de produção no cenário paulistano. In: CONGRESSO BRASILEIRO DE CIÊNCIAS DA COMUNICAÇÃO, 33., 2010, Caxias do Sul. **Anais**... São Paulo: Intercom, 2010. Disponível em: <http://www.intercom.org.br/papers/nacionais/2010/resumos/R5-2479-1.pdf>. Acesso em: 18 set. 2017.

GUTCHER, L. **En Guinea, la radio ayuda a los escolares a ponerse al día**. 10 jul. 2015. Disponível em: <https://www.unicef.org/spanish/infobycountry/guinea_82520.html>. Acesso em: 18 set. 2017.

HAITI Two Years After the Quake – audio slideshow. **The Guardian**, Jan. 12, 2012. Disponível em: <www.theguardian.com/global-development/video/2012/jan/12/haiti-two-years-on-audio-slideshow>. Acesso em: 18 set. 2017.

HAJE, L.; CRONEMBERGER, D. **Conheça os demais serviços de comunicação da Câmara**. 9 set. 2011. Disponível em: <http://www2.camara.leg.br/camaranoticias/noticias/COMUNICACAO/202341-CONHECA-OS-DEMAIS-SERVICOS-DE-COMUNICACAO-DA-CAMARA.html>. Acesso em: 18 set. 2017.

HALL, J. The News Blog in 2005: Social Journalism at the Eye of the Storm. In: BARBOSA, S. (Org.). **Jornalismo digital de terceira geração**. Covilhã: Universidade da Beira Interior, 2005. p. 43-62. Disponível em: <http://www.labcom.ubi.pt/livroslabcom/pdfs/barbosa_suzana_jornalismo_digital_terceira_geracao.pdf>. Acesso em: 18 set. 2017.

HAUSSEN, D. F. O jornalismo no rádio atual: o ouvinte interfere? In: FERRARETTO, L. A.; KLÖCKNER, L. (Org.). **E o rádio?** Novos horizontes midiáticos. Porto Alegre: EdiPUCRS, 2010. p. 157-170.

IBGE – Instituto Brasileiro de Geografia e Estatística. **Pesquisa Nacional por Amostra de Domicílios**: síntese de indicadores 2014. Rio de Janeiro: IBGE, 2015. Disponível em: <https://biblioteca.ibge.gov.br/visualizacao/livros/liv94935.pdf>. Acesso em: 18 set. 2017.

IBOPE. **Media Book**: hábitos de mídia e investimento publicitário em 2014. Brasil: IBOPE Media, 2014. Disponível em: <http://www.mediabook.ibope.com/>. Acesso em: 18 set. 2017.

JENKINS, H. **Cultura da convergência**. São Paulo: Aleph, 2009.

JOVEM NERD. Disponível em: <https://jovemnerd.com.br/nerdcast/>. Acesso em: 18 set. 2017.

JUNG, M. **Jornalismo de rádio**. São Paulo: Contexto, 2004. (Coleção Comunicação).

KENNEDY, R.; PAULA, A. N. de. **Jornalismo e publicidade no rádio**. São Paulo: Contexto, 2013.

KERLEY, P. Diamond Jubilee: Sixty Years of Memories. **BBC News**, 25 May 2012. Disponível em: <http://www.bbc.com/news/uk-17843109>. Acesso em: 18 set. 2017.

KISCHINHEVSKY, M. Compartilhar, etiquetar: interação no rádio social. In: ENCONTRO DA COMPÓS, 21., 2012, Juiz de Fora. **Anais**... 2012a.

____. Cultura da portabilidade: novos usos do rádio e sociabilidades em mídia sonora. **Observatorio (OBS*)**, v. 3, n. 1, p. 223-238, 2009.

____. Da cultura da portabilidade à cultura do acesso: a reordenação do mercado de mídia sonora. In: CONGRESSO INTERNACIONAL IBERCOM, 14., 2015, São Paulo. **Anais**... São Paulo: Edusp, 2015.

KISCHINHEVSKY, M. **Rádio e mídias sociais**: mediações e interações radiofônicas em plataformas digitais de comunicação. Rio de Janeiro: Mauad X, 2016.

____. Rádio social: mapeando novas práticas interacionais sonoras. **Famecos**, Porto Alegre, v. 19, n. 2, p. 410-437, maio/ago. 2012b.

____. Radiojornalismo para emissoras comunitárias e educativas: uma experiência de ensino-aprendizagem no AudioLab FCS/UERJ. In: SOSTER, D. de A.; TONUS, M. (Org.). **Jornalismo-laboratório**: rádio. Santa Cruz do Sul: Edunisc, 2014. p. 49-62.

KLÖCKNER, L. **O Repórter Esso na história brasileira (1941-1945 e 1950-1954)**. Dissertação (Mestrado em Comunicação Social) – Pontifícia Universidade Católica do Rio Grande do Sul, 1998.

KOÇOUSKI, M. **A comunicação pública face ao dever estatal de informar**. Para não dizer que não falei de flores: estudo de caso do Incra-SP. 235 p. Dissertação (Mestrado em Ciências da Comunicação) – Universidade de São Paulo, São Paulo, 2012. Disponível em: <http://www.teses.usp.br/teses/disponiveis/27/27152/tde-17052013-133211/pt-br.php>. Acesso em: 13 set. 2017.

LAZARSFELD, P. F.; MERTON, R. K. Comunicação de massa, gosto popular e a organização da ação social. In: LIMA, L. C. (Org.). **Teoria da cultura de massa**. Rio de Janeiro: Paz e Terra, 1978. p. 109-131.

LOPEZ, D. C. (Re)Construindo o conceito de audiência no rádio em cenário de convergência. In: ZUCULOTO, V.; LOPEZ, D. C.; KISCHINHEVSKY, M. (Org.). **Estudos radiofônicos no Brasil**: 25 anos do Grupo de Pesquisa Rádio e Mídia Sonora da Intercom. São Paulo: Intercom, 2016. p. 326-342. (Coleção GP's E-books, v. 22).

LOPEZ, D. C. Aproximações aos níveis convergência tecnológica em comunicação: um estudo sobre o rádio hipermidiático. In: FERRARETTO, L. A.; KLÖCKNER, L. (Org.). **E o rádio?** Novos horizontes midiáticos. Porto Alegre: EdiPUCRS, 2010a. p. 401-419.

____. **Radiojornalismo hipermidiático**: tendências e perspectivas do jornalismo de rádio all news brasileiro em um contexto de convergência tecnológica. 299 p. Tese (Doutorado em Comunicação) – Universidade Federal da Bahia, Salvador, 2009. Disponível em: <http://www.repositorio.ufba.br:8080/ri/bitstream/ri/5209/1/DeboraLopez.pdf>. Acesso em: 18 set. 2017.

____. **Radiojornalismo hipermidiático**: tendências e perspectivas do jornalismo de rádio all news brasileiro em um contexto de convergência tecnológica. Covilhã: LabCom, 2010b.

LOPEZ, D. C.; FREIRE, M. Narrativa multimídia e a mutação do radiojornalismo no cenário de convergência. In: OLIVEIRA, M.; PRATA, N. (Org.). **Rádio em Portugal e no Brasil**: trajetória e cenários. Braga: CECS – Centro de Estudos de Comunicação e Sociedade Universidade do Minho, 2015. p. 163-174. Disponível em: <http://www.lasics.uminho.pt/ojs/index.php/cecs_ebooks/issue/view/179>. Acesso em: 18 set. 2017.

LUZ, D. **Radiojornalismo nas rádios comunitárias**: conceitos e práticas. 314 p. Dissertação (Mestrado em Comunicação Social) – Universidade de Brasília, Brasília, 2011. Disponível em: <http://repositorio.unb.br/bitstream/10482/8584/1/2011_Dioclecio%20Ferreira%20da%20Luz.pdf>. Acesso em: 18 set. 2017.

MACEDO, P. Futuro da Rádio Jovem Pan passa pela plataforma audiovisual. **Propmark**, 18 dez. 2016. Disponível em: <http://propmark.com.br/midia/futuro-da-radio-jovem-pan-passa-pela-plataforma-audiovisual>. Acesso em: 18 set. 2017.

MACEDO, S. M.; BARROS, A. T. de; BERNARDES, C. B. Identidade política e programação das rádios públicas: estudo comparativo de quatro emissoras federais. **Revista Fronteiras: Estudos Midiáticos**, São Leopoldo, v. 14, n. 1, p. 40-51, jan./abr. 2012. Disponível em: <http://revistas.unisinos.br/index.php/fronteiras/article/view/fem.2012.141.05/742>. Acesso em: 18 set. 2017.

MACGUIRE, E. South Africa Shock Jock's 'Uncensored, Un-radio' Station on WeChat. **CNN**, 5 Dec. 2014. Disponível em: <http://edition.cnn.com/2014/12/05/business/wechat-cliff-central-radio-south-africa/index.html>. Acesso em: 18 set. 2017.

MADUREIRA, P.; KISCHINHEVSKY, M. Show do esporte – considerações sobre programas de relatos desportivos como gênero fundador da radiofonia. In: CONGRESSO BRASILEIRO DE CIÊNCIAS DA COMUNICAÇÃO, 38., 2015, Rio de Janeiro. **Anais**... São Paulo: Intercom, 2015. Disponível em: <http://portalintercom.org.br/anais/nacional2015/busca.htm?query=madureira>. Acesso em: 18 set. 2017.

MARTÍNEZ-COSTA, M. del P.; PRATA, N. O rádio em busca da sua audiência: rumo a uma escuta diversificada e multiplataforma. In: CONGRESSO BRASILEIRO DE CIÊNCIAS DA COMUNICAÇÃO, 39., 2016, São Paulo. **Anais**... São Paulo: Intercom, 2015. Disponível em: <http://portalintercom.org.br/anais/nacional2016/resumos/R11-1530-1.pdf>. Acesso em: 18 set. 2017.

MCLEISH, R. **Produção de rádio**: um guia abrangente de produção radiofônica. São Paulo: Summus, 2001.

MEDEIROS, M. Transmissão sonora digital: modelos radiofônicos e não radiofônicos na comunicação contemporânea. **Ciberlegenda**, Rio de Janeiro, n. 21, 2009.

MEDITSCH, E. **A nova era do rádio**: o discurso do radiojornalismo enquanto produto intelectual eletrônico. 1997. Disponível em: <http://bocc.ubi.pt/pag/meditsch-eduardo-discurso-radiojornalismo.html>. Acesso em: 13 set. 2017.

_____. O ensino do radiojornalismo em tempo de internet. In: CONGRESSO BRASILEIRO DE CIÊNCIAS DA COMUNICAÇÃO, 24., 2001, Campo Grande. **Anais**... São Paulo: Intercom: 2001. Disponível em: <http://bocc.ubi.pt/pag/meditsch-eduardo-ensino-do-radiojornalismo.pdf>. Acesso em: 13 set. 2017.

_____. **O rádio na era da informação**: teoria e técnica do novo radiojornalismo. Florianópolis: Insular, 2007.

MEDITSCH, E. **Sete meias-verdades e um lamentável engano que prejudicam o entendimento da linguagem do radiojornalismo na era eletrônica**. Coimbra, 9 nov. 1995. Palestra proferida ao curso de Licenciatura em Jornalismo da Universidade de Coimbra. Disponível em: <http://www.bocc.ubi.pt/pag/meditsch-eduardo-meias-verdades.pdf>. Acesso em: 13 set. 2017.

MELO, I. A. de. **A notícia como forma de conhecimento segundo Robert Park**. 2007. Disponível em: <http://www.bocc.ubi.pt/pag/melo-isabelle-noticia-como-forma-conhecimento.pdf>. Acesso em: 18 set. 2017.

_____. Jornalismo cultural: por uma formação que produza o encontro da clareza do jornalismo com a densidade e complexidade da cultura. In: AZZOLINO, A. P. (Org.). **Sete propostas para o jornalismo cultural**. São Paulo: Miró, 2009. p. 23-38.

MELO, J. M. de. **A opinião no jornalismo brasileiro**. Petrópolis: Vozes, 1985.

MENESES, J. P. **Tudo o que se passa na TSF**. Porto: Editorial Notícias, 2003.

MERAYO-PÉREZ, A. Identidad, sentido y uso de la radio educativa. In: CONGRESO INTERNACIONAL – CULTURA Y MEDIOS DE COMUNICACIÓN, 3. Salamanca, 2000. **Actas**... Salamanca: Servicio de Publicaciones de la Universidad Pontifícia de Salamanca. p. 387-404.

META PESQUISAS DE OPINIÃO. **Hábitos de Informação e Formação de Opinião da População Brasileira II**. Relatório de Pesquisa Quantitativa. Canoas, dez. 2010. Disponível em: <http://www.secom.gov.br/atuacao/pesquisa/lista-total-de-pesquisas/2010-12-habitos-de-informacao-e-formacao-de-opiniao-da-populacao-brasileira-ii.pdf>. Acesso em: 18 set. 2017.

MITCHELL, A.; PAGE, D. **State of the News Media 2015**. 29 Apr. 2015. Disponível em: <http://www.journalism.org/files/2015/04/FINAL-STATE-OF-THE-NEWS-MEDIA.pdf>. Acesso em: 18 set. 2017.

MOLES, A. A. **Sociodinâmica da cultura**. São Paulo: Perspectiva; Edusp, 1975.

MORÁN, J. A comunicação populista: populismo, políticas e comunicação – o referencial nazifascista. In: MELO, J. M. de (Org.). **Populismo e comunicação**. São Paulo: Cortez, 1981. p. 33-53.

MOREIRA, S. V. (Org.). **70 anos de radiojornalismo no Brasil**: 1941-2011. Rio de Janeiro: Ed. da UERJ, 2011.

MOREIRA, S. V. (Org.). **Rádio em transição**: tecnologias e leis nos Estados Unidos e no Brasil. Rio de Janeiro: Mil Palavras, 2002.

MOREIRA, V.; BIANCO, N. R. D. **Rádio no Brasil**: tendências e perspectivas. Rio de Janeiro: Rio Fundo, 1991.

MORLA, J. Nace Podium Podcast, un nuevo modo de escuchar. **El País**, Madrid, 9 jun. 2016. Disponível em: <http://cultura.elpais.com/cultura/2016/06/08/actualidad/1465410435_296991.html>. Acesso em: 18 set. 2017.

MOURA, I. Raio X da ilegalidade: políticos donos da mídia no Brasil. **Fórum Nacional pela Democratização da Comunicação**, 29 set. 2016. Disponível em: <http://www.fndc.org.br/noticias/raio-x-da-ilegalidade-politicos-donos-da-midia-no-brasil-924753/>. Acesso em: 18 set. 2017.

MUNDO PODCAST. Disponível em: <https://mundopodcast.com.br/>. Acesso em: 18 set. 2017.

NAVA, M.; SANTOS, A. D. dos; SILVA, D. D. N. da. Gentilezas caipiras: um novo conceito em programa de utilidade pública. In: ENCONTRO NACIONAL DE HISTÓRIA DA MÍDIA, 8., 2011, Guarapuava. **Anais**... 2011. Disponível em: <http://www.ufrgs.br/alcar/encontros-nacionais-1/8o-encontro-2011-1/artigos/Gentilezas%20Caipiras%202013%20um%20novo%20conceito%20em%20programa%20de%20utilidade%20publica.pdf/view>. Acesso em: 13 set. 2017.

NOSSA RÁDIO. Disponível em: <http://www.nossaradio.com.br/>. Acesso em: 18 set. 2017.

NUNES, M. V. **Rádios comunitárias no século XXI**: exercício da cidadania ou instrumentalização popular? Rio de Janeiro: Ed. da UERJ, 2001.

ORTRIWANO, G. S. **A informação no rádio**: os grupos de poder e a determinação dos conteúdos. São Paulo: Summus, 1985.

PALACIOS, M. Ruptura, continuidade e potencialização no jornalismo online: o lugar da memória. In: MACHADO, E.; PALACIOS, M. (Ed.). **Modelos do jornalismo digital**. Salvador: Calandra, 2003. p. 13-36.

PASTORAL DA CRIANÇA. **Programa de Rádio Viva a Vida**. 14 abr. 2016. Disponível em: <https://www.pastoraldacrianca.org.br/radio>. Acesso em: 18 set. 2017.

PATIENT Voices: A.D.H.D. **The New York Times**, 21 May, 2008. Disponível em: <www.nytimes.com/interactive/2008/05/21/health/healthguide/TE_ADHD_CLIPS.html>. Acesso em: 18 set. 2017.

PERUZZO, C. M. K. Mídia local e suas interfaces com a mídia comunitária no Brasil. In: ANUÁRIO INTERNACIONAL DE COMUNICAÇÃO LUSÓFONA 2006. São Paulo: Intercom, 2006. p. 141-169.

_____. O rádio educativo e a cibercultura nos processos de mobilização comunitária. **Famecos**, Porto Alegre, v. 18, n. 3, p. 933-958, set./dez. 2011. Disponível em: <http://revistaseletronicas.pucrs.br/famecos/ojs/index.php/revistafamecos/article/view/10390>. Acesso em: 18 set. 2017.

_____. Participação nas rádios comunitárias no Brasil. CONGRESSO BRASILEIRO DE CIÊNCIAS DA COMUNICAÇÃO, 21., 1998, Recife. **Anais**... São Paulo: Intercom, 1998. Disponível em: <http://www.bocc.ubi.pt/pag/peruzzo-cicilia-radio-comunitaria-br.pdf>. Acesso em: 18 set. 2017.

PIZA, D. **Jornalismo cultural**. 4. ed. São Paulo: Contexto, 2011.

PORCHAT, M. E. **Manual de radiojornalismo Jovem Pan**. São Paulo: Ática, 1993.

PORTAL BRASIL. Cidadania e Justiça. **Plano de outorgas garante rádios educativas a 744 cidades**. 3 maio 2016. Disponível em: <http://www.brasil.gov.br/cidadania-e-justica/2016/05/plano-de-outorgas-garante-radios-educativas-a-744-cidades>. Acesso em: 18 set. 2017.

PRADO, E. **Estrutura da informação radiofônica**. São Paulo: Summus, 1989.

PRATA, N. **Webradio**: novos gêneros, novas formas de interação. Florianópolis: Insular, 2009.

PRPE – Projeto Rádio Pela Educação. **O Rádio pela Educação**. Disponível em: <https://radiopelaeducacao.wordpress.com/about/>. Acesso em: 18 set. 2017.

RADDATZ, V. L S. Rádio AM "avisa": uma expressão da cultura local. In: KLÖCKNER, L.; PRATA, N. (Org.). **Mídia sonora em 4 dimensões**. Porto Alegre: EdiPUCRS, 2011. p. 229-243.

RÁDIO CORITIBA. Disponível em: <http://www.radiocoritiba.com.br/>. Acesso em: 18 set. 2017.

RADIO NOSSOS PASSOS. Disponível em: <http://www.radionossospassos.com.br/>. Acesso em: 18 set. 2017.

RÁDIO ONU. Disponível em: <http://www.unmultimedia.org/radio/portuguese/category/dia-da-lingua-portuguesa-2/>. Acesso em: 18 set. 2017.

RÁDIO SANTOS FC. Disponível em: <http://www.santosfc.com.br/radio/>. Acesso em: 18 set. 2017.

RADIO VATICANA. Disponível em: <http://www.radiovaticana.va/>. Acesso em: 18 set. 2017.

RÁDIO VATICANO. **Quem somos**. Disponível em: <http://br.radiovaticana.va/quem-somos-br>. Acesso em: 18 set. 2017.

RÁDIO VOICE. Disponível em: <https://www.facebook.com/radiovoicewhatsapp/?fref=ts>. Acesso em: 18 set. 2017.

REDE ALELUIA. Disponível em: <http://www.redealeluia.com.br/>. Acesso em: 18 set. 2017.

RIBEIRO, A. G. Rádio educação: maneiras de conjugar. In: FERRARETTO, L. A.; KLÖCKNER, L. (Org.). **E o rádio?** Novos horizontes midiáticos. Porto Alegre: EdiPUCRS, 2010. p. 286-300.

RICHERS, R.; LIMA, C. P. (Org.). **Segmentação**: opções estratégicas para o mercado brasileiro. São Paulo: Nobel, 1991.

RODRIGUES, C.; SOARES JUNIOR, C. Radiojornalismo, webjornalismo e formação profissional. In: FERRARETTO, L. A.; KLÖCKNER, L. (Org.). **E o rádio?** Novos horizontes midiáticos. Porto Alegre: EdiPUCRS, 2010. p. 420-431.

ROMAIS, C. **O que é rádio em ondas curtas**. São Paulo: Brasiliense, 1994. (Coleção Primeiros Passos).

RUAS, C. M. S. **Rádio comunitária**: uma estratégia para o desenvolvimento local. Campo Grande: UCDB, 2004.

SAMPAIO, M. F. **História do rádio e da televisão no Brasil e no mundo**: memórias de um pioneiro. Rio de Janeiro: Achiamé, 1984.

SAMPAIO, W. **Jornalismo audiovisual**: teoria e prática do jornalismo no rádio, TV e cinema. Petrópolis: Vozes, 1971. (Coleção Meios de Comunicação Social, v. 3).

SANTOS, S.; SILVEIRA, E. da. Serviço público e interesse público nas comunicações. In: RAMOS, M. C.; SANTOS, S. **Políticas de comunicação**: buscas teóricas e práticas. São Paulo: Paulus, 2007. p. 49-82.

SANTOS RÁDIO WEB. Disponível em: <http://www.santosfc.com.br/radio/>. Acesso em: 18 set. 2017.

SCORSIM, E. M. **Direito da televisão e rádio por radiodifusão do setor privado**. Edição do autor. Curitiba: [s.n.], 2016.

SEGURA, M. Sua marca está pronta para os podcasts? **Café Brasil**, 18 nov. 2015. Disponível em: <http://www.portalcafebrasil.com.br/iscas-intelectuais/sua-marca-esta-pronta-para-os-podcasts/>. Acesso em: 18 set. 2017.

SERIAL PODCAST. Disponível em: <https://serialpodcast.org/>. Acesso em: 18 set. 2017.

SILVA, S. P. da. Rádio comunitária: uma possível brecha na sociedade do espetáculo. In: CONGRESSO BRASILEIRO DE CIÊNCIAS DA COMUNICAÇÃO, 34., 2011, Recife. **Anais**... São Paulo: Intercom, 2011. Disponível em: <http://www.intercom.org.br/papers/nacionais/2011/resumos/R6-1892-1.pdf>. Acesso em: 18 set. 2017.

SOARES, E. **A bola no ar**: o rádio esportivo em São Paulo. São Paulo: Summus, 1994.

SOUZA, M. F. P. de; CARREIRO, R. Audio slideshow como formato para reportagens multimídia: primeiras aproximações. In: CONGRESSO BRASILEIRO DE CIÊNCIAS DA COMUNICAÇÃO, 32., 2009, Curitiba. **Anais**... São Paulo: Intercom, 2009. Disponível em: <http://www.intercom.org.br/papers/nacionais/2009/resumos/R4-1297-1.pdf>. Acesso em: 18 set. 2017.

SOUTH Africa under Apartheid in the 1970s. **BBC News**, May 31, 2012. Disponível em: <www.bbc.com/news/in-pictures-18242214>. Acesso em: 18 set. 2017.

STRAUBHAAR, J.; LAROSE, R. **Comunicação, mídia e tecnologia**. São Paulo: Thomson, 2004.

SUMAN, K. **O jabá no rádio FM**: Atlântida, Jovem Pan e Pop Rock. 161 p. Dissertação (Mestrado em Ciências da Comunicação) – Universidade do Vale do Rio dos Sinos. São Leopoldo, 2006. Disponível em: <http://www.repositorio.jesuita.org.br/bitstream/handle/UNISINOS/2613/jaba%20no%20radio.pdf?sequence=1&isAllowed=y>. Acesso em: 18 set. 2017.

TAVARES, M.; FARIA, G. (Org.). **CBN, a rádio que toca notícia**: a história da rede e as principais coberturas, estilo e linguagem do all news, jornalismo político, econômico e esportivo, a construção da marca, o modelo de negócios. Rio de Janeiro: Senac, 2006.

THE GUARDIAN. **Audio Slideshow**. Nov. 2013. Disponível em: <https://www.theguardian.com/audioslideshows>. Acesso em: 18 set. 2017.

TORRES, B. A. Um perfil das rádios comunitárias no Brasil. In: FERRARETTO, L. A.; KLÖCKNER, L. (Org.). **E o rádio?** Novos horizontes midiáticos. Porto Alegre: EdiPUCRS, 2010. p. 255-267.

UNICEF – Fundo das Nações Unidas para a Infância. **Rádio Unicef**. Disponível em: <https://www.unicef.org/spanish/videoaudio/video_radio.html>. Acesso em: 18 set. 2017.

WEB RÁDIO VERDÃO. Disponível em: <http://www.webradioverdao.com.br/ao-vivo/>. Acesso em: 18 set. 2017.

ZANUSO, C. C.; REIS, J. (Coord.). Por que investir em comunicação interna. São Paulo: Abracom, 2012. Disponível em: <http://www.abracom.org.br/arquivos/CCO_final.pdf>. Acesso em: 18 set. 2017.

ZUCULOTO, V. R. M. A notícia no rádio pioneiro e na "época de ouro" da radiofonia brasileira. In: CUNHA, M. R. da; HAUSSEN, D. F. (Org.). **Rádio brasileiro**: episódios e personagens. Porto Alegre: EdiPUCRS, 2003. p. 15-34. (Coleção Comunicação, v. 29).

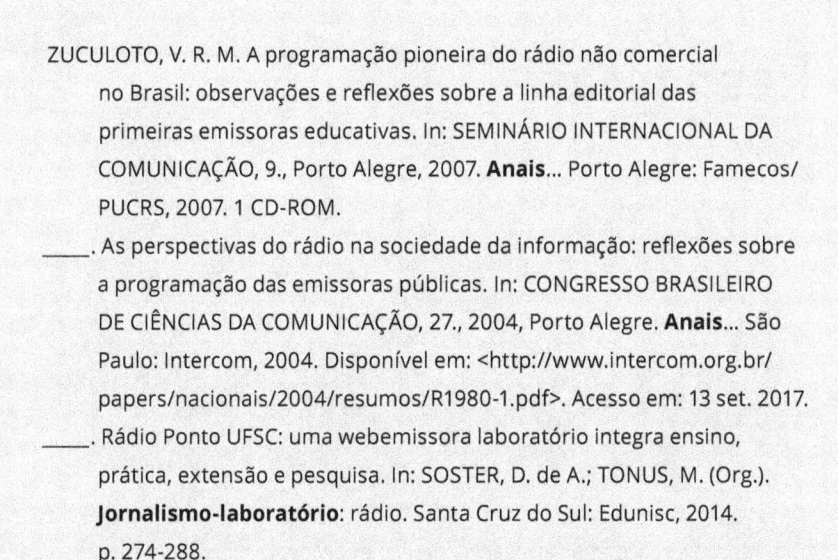

ZUCULOTO, V. R. M. A programação pioneira do rádio não comercial no Brasil: observações e reflexões sobre a linha editorial das primeiras emissoras educativas. In: SEMINÁRIO INTERNACIONAL DA COMUNICAÇÃO, 9., Porto Alegre, 2007. **Anais**... Porto Alegre: Famecos/PUCRS, 2007. 1 CD-ROM.

_____. As perspectivas do rádio na sociedade da informação: reflexões sobre a programação das emissoras públicas. In: CONGRESSO BRASILEIRO DE CIÊNCIAS DA COMUNICAÇÃO, 27., 2004, Porto Alegre. **Anais**... São Paulo: Intercom, 2004. Disponível em: <http://www.intercom.org.br/papers/nacionais/2004/resumos/R1980-1.pdf>. Acesso em: 13 set. 2017.

_____. Rádio Ponto UFSC: uma webemissora laboratório integra ensino, prática, extensão e pesquisa. In: SOSTER, D. de A.; TONUS, M. (Org.). **Jornalismo-laboratório**: rádio. Santa Cruz do Sul: Edunisc, 2014. p. 274-288.

Respostas

Capítulo 1

Questões para revisão
1. b
2. a
3. d
4. Discorra sobre as questões da linguagem, do estilo dos radiojornais e do posicionamento dos locutores.
5. Analise os usos do governante com base em suas intenções políticas, como as que motivaram a criação da *Hora do Brasil*, por exemplo.

Capítulo 2

Questões para revisão
1. a
2. a
3. c
4. Discorra sobre a prática e destaque o projeto de lei que altera a Lei n. 4.117/1962 e que torna a prática crime.
5. Relacione os objetivos traçados pelo autor com o meio radiofônico.

Capítulo 3

Questões para revisão
1. a
2. d
3. c
4. Discorra sobre as colagens de som: corte com emenda, fusão e sobreposição.
5. Analise a evolução tecnológica que o rádio teve, tomando por base o surgimento de ferramentas como o telefone e aparelhos de gravação de áudio.

Capítulo 4

Questões para revisão
1. c
2. d
3. d
4. A proposta de jornalismo cultural deve tratar do tema de forma ampla, considerando aspectos culturais inseridos na comunidade de modo a valorizá-los.
5. Os elementos que caracterizam o audiodocumentário são, entre outros, o tempo do produto, o tempo destinado aos depoimentos e o uso de recursos sonoros.

Capítulo 5

Questões para revisão
1. d
2. a
3. c
4. Escreva sobre as rádios institucionais, que podem ser estatais, setoristas ou corporativas.
5. Discorra sobre as rádios educativas, com base nas funções que elas desempenham na educação formal e também na não formal.

Capítulo 6

Questões para revisão
1. b
2. c
3. d
4. Analise de que forma o rádio pode manter sua importância sonora em plataformas multimídias com textos e imagens.
5. Comente de que forma as rádios têm feito ao vivo transmissões em vídeo de seus programas e como usam esse recurso nos *sites* como forma de complementar a notícia em áudio.

Sobre a autora

Elaine Javorski

Doutora em Sociologia da Comunicação e dos Media pela Universidade de Coimbra (2016). Mestre em Comunicação e Indústrias Culturais pela Universidade Católica Portuguesa (2005). Especialista em Estudos do Jornalismo pela Universidade Federal de Santa Catarina – UFSC (2002). Graduada em Comunicação Social – Jornalismo pela Universidade Estadual de Ponta Grossa – UEPG (2000). Tem experiência profissional em rádio, televisão, jornal impresso e assessoria de imprensa, com trabalhos realizados no Brasil, em Portugal e na Espanha. Como docente, atua nas disciplinas ligadas ao jornalismo eletrônico e à pesquisa em jornalismo. Tem como principais temas de investigação as interfaces entre mídias eletrônicas, interculturalidade, fluxos migratórios e cidadania.

Os papéis utilizados neste livro, certificados por instituições ambientais competentes, são recicláveis, provenientes de fontes renováveis e, portanto, um meio responsável e natural de informação e conhecimento.

FSC
www.fsc.org
MISTO
Papel produzido
a partir de
fontes responsáveis
FSC® C103535

Impressão: Reproset
Abril/2021